JN440053

잠깐 꾸는 꿈같이

이태수 시선집

그루

시인의 말

올해 등단 50주년을 맞이하면서 두 번째 시선집을 낸다.

첫 시집 『그림자의 그늘』부터 『거울이 나를 본다』까지 열네 권의 시집 중에서 100편의 시를 자선해 2018년에 펴낸 시선집 『먼 불빛』(문학세계사) 이후의 시들을 묶는다. 『내가 나에게』부터 스물한 번째 시집 『먼 여로』까지 일곱 권의 시집 가운데 역시 100편의 시를 자선해 싣는다.

돌아보면 긴 여정이었으나 '잠깐 꾸는 꿈같이' 아련하다.

2024년 봄
이태수

차례

I 내가 나에게(2019)

II 유리창 이쪽(2020)

III 꿈꾸는 나라로(2021)

IV 담박하게 정갈하게(2022)

Ⅴ 나를 찾아가다(2022)

Ⅵ 유리벽 안팎(2023)

Ⅶ 먼 여로(2024)

I

내가 나에게

(2019, 문학세계사)

옛 우물

나무 그림자 일렁이는 우물에
작은 새가 그림자를 떨어뜨리고 간다
희미한 낮달도 얼굴 비쳐보다 간다

이제 아무도 두레박질을 하지 않는 우물을
하늘이 언제나 내려다본다
내가 들여다보면
나무 그림자와 안 보이는
새 그림자와 지워진 낮달이 나를 쳐다본다

흐르는 구름에 내 얼굴이 포개진다
옛날 두레박으로 길어 마시던 물맛이
괸 물을 흔들어 깨우기도 한다

물, 또는 내려가기

물을 마신다
아래로 내려가는 물,
나는 물과 더불어 흘러간다
물은 언제나 멈추기를 싫어한다
개울물이 아래로 흘러가고
강물은 몸을 비틀면서 내려간다
폭포는 수직으로 일어서듯
줄기차게 내리꽂힌다
물을 들이켠다
안으로 스며드는 물,
새들이 낮게 날아 내리고
공중 부양을 하던 뜬구름 몇 점이
제 무게 탓으로 떨어진다
가늘던 빗줄기가 점점 굵어지며
빗금으로 뛰어내린다
빗줄기를 바라보는
내가 내린다

별, 또는 올라가기

별들을 바라봅니다
날이 저물어 어두워지면
나는 어둠 속에서 꿈꿉니다
밤하늘의 먼 별들을 끌어당기며
거기까지 올라가 보려 꿈을 꿉니다
별들이 반짝이며 눈짓을 합니다
아무리 안간힘을 다해 봐도
마음만 혼자 올라갑니다
별들이 내려다봅니다
마치 동화 속 아이 같이
별빛 따라 사닥다리를 놓고
어둠을 헤치면서 오르려 합니다
눈을 감고서야 거기에 다다릅니다
하지만 눈뜨면 떨어질 것 같아
밤 이슥토록 눈을 감은 채
올라가려는 꿈을 꿉니다
별을 끌어안습니다

성聖 풍경

비둘기 몇 마리
청동지붕 위에 내려앉는다
미사 끝난 지 한참 지나서일까
정적 속에 홀로 난분분 지는 벚꽃들,
성전의 창틈 사이로 흘러나오는
무반주 그레고리오 성가,

들릴 듯 말 듯 나지막이
누가 기도하듯이 읊조리는데도
그지없이 성스럽고 신비하게 들린다
날다 다시 낮게 내리는 비둘기,
지는 꽃잎들도 신비스럽고
성스러워 보인다

따스한 봄 햇살을 되쏘고 있는
첨탑 위의 눈부신 십자가,
낮게 두 손을 모으며 우러른다

한밤의 소요逍遙

한밤중의 적막을 흔들어 깨우는
슈베르트의 현악 오중주,
어둠 속에 누워 눈을 감는다
공기의 입자들이 미동하고
나는 포근한 숲길을 나선다
알레그로 마 논 트로포,
꿈결을 비몽사몽 헤엄치는 동안
지나온 길들이 일어서며 다가온다
잊었던 슬픔들이 얼굴을 내민다
아다지오에서 프레스토로
불현듯 발걸음이 빨라진다
이따금 끼어드는 뿔피리 소리,
여태까지 느껴보지 못했던
미지의 신비 속으로 든다
첼로 소리가 문득 뛰어오르듯
바이올린의 음역에까지 올라간다
그 소리처럼 나도 공중에 뜬다
알레그레토—날개가 돋은

내가 천장까지 오르내린다
부드럽게, 때로는 거칠게
내가 나를 벗어나기도 한다
그 심연 속에서 나는
어둠을 흔들며 솟구쳐 오른다

유월 어느 날

나무들이 허공으로 팔을 뻗는다
키 큰 계수나무 언저리에는 배롱나무들이,
날씬하고 아담한 주목 곁엔
꽃이 다 지고 난 철쭉들이,

그들 틈새에 낀
쥐똥나무들도 팔을 뻗는다

커다란 꽃잎이 뚝뚝 떨어지는
목단, 너무 처참하게
고개 부러지는 능소화 꽃잎들,
마른하늘에는 한바탕
번개와 천둥소리가 요란하다

스물아홉에 스스로 목숨을 끊은
고월*이, 역시 그 나이에
죽기까지 노래부르며 버티다
세상을 떠나간 배호**가

왜 이리 선연히 떠오르는 걸까

유월 하루, 유난히도 목마른 날
고월 시 속의 플래티나선과 같은 길과
배호가 애타듯이 부르는
노래를 따라나서다 보면

꽃 지는 허공에
나도 자꾸만 팔을 뻗는다

*시인 이장희(1900~1929)
**가수(본명 배신웅, 1942~1971)

눈이 내릴 때

눈이 내리고 눈송이들과는 달리
두 발이 공중에 뜬다
함께 떠오르는 내 꿈에
샤갈과 슈베르트의 꿈이 포개진다

몇 해 전 모스크바에서도 그랬다
'참새언덕'*의 자작나무에 기대서서
눈을 맞으며 하늘을 바라보니
샤갈의 꿈이 눈발 사이로 어른거렸다
그 꿈을 끌어안으며
내 꿈을 그 속에 다져넣고 있는 동안
슈베르트의 <겨울 나그네> 중
'보리수' 몇 소절이 함께 어우러져
아득한 하늘로 나를 들어올렸다

내리는 눈송이들 사이로 천사들과
바이올린이 날아다닌다

내 꿈도 날개를 단 듯
이 덧없는 떠돎마저 포근해진다

*모스크바 외곽의 야트막한 구릉

초봄의 화엄華嚴

이른 아침 범종 소리

간밤의 악몽이 희미해졌다

당목을 거듭 밀어치는

사미승은 길몽을 꿨을까

유리창 너머

앞산이 다가서는 듯하다

목련꽃들이 막 벙글고

춘란도 그새 꽃대를 내민다

이른 봄날의 이 화엄

모량리 지나다가

경주 건천 모량리 지나다가
눈길이 그 마을 뒷산에 꽂히더군요
평범해 보이는 그 구강산을
보랏빛 석산으로 바라보던 시인*의
마음눈이 부럽게 아름다워서였지요
부처 눈에는 부처만 보인다는 말과
제 눈에 안경이란 말도 있습니다만
요즘은 눈앞이 흐리고 어둡습니다
눈 비비고 또 비비며 봐도
밝은 빛깔마저 왜 혼탁하게 보이고
무거워지는지 모르겠습니다

모량리 지나 한참을 오다가 보니
차창에 어른대는 청노루 한 마리,
아마도 지난밤 꿈속의 한 장면이
보이다 말다 해서 그런 거겠지요

*박목월(1916~1978)

팽나무 있는 풍경

포구에 서 있는 팽나무
불콰한 황색 열매들 사이에
희미한 반쪽 낮달이 걸려 있다

고기잡이배들은 만선 꿈을 꾸는지
먼 바다 여기저기 가물거린다

팽나무 익은 열매 같은 얼굴빛의
악동들이 모여들어
깔깔대며 팽나무 열매놀이를 한다

팽팽 나는 그 열매들과는 달리
갯바위 아래 붙박인 거룻배 한 척

어느새 낮달도 제 길 가버리고
포구의 팽나무를 바라보는
나만 우두커니 서 있다

그이는 오늘도

그이는 오늘도 시를 쓴다
길거리에 나뒹구는 낙엽처럼
눈여겨보아 주는 사람이 없더라도,
밥과 빵과 명예가 되지 않을지라도
쓰다가 지우다 다시 쓴다

즐겁고 기뻐도 그러지만
괴로우나 외로우면 더 그런다
띄울 곳이 막막한 편지를 쓰듯이,
빈 메아리로 돌아오기만 할지라도
오늘도 그이는 시를 쓴다

누가 좋아하든 않든, 뭐라 하든
그이는 오늘도 한갓
말을 불러 그러안는 길을 간다

(나도 그 길을 따라 나선다)

이쪽 문

이쪽 문이 닫힌 뒤엔
저쪽 문이 열리기 때문일까
그 사람은 이쪽 문이 닫히자 떠나갔다
오랜 갈등과 방황, 아픔도 내려놓고
애써 붙들고 있던 희망의 끈도 놓아버린 채
열린 저쪽 문으로 유유히 들어갔다
누구나 문을 열면 닫고 다시 열어야 하지만
싫든 좋든 저쪽 문이 열리기 전까지
즐겁든 괴롭든 이쪽 문을 드나들어야 한다
날이 저물도록 그 사람 그리워하면서
저쪽 문을 연 그 사람이 안쓰러운 것은
이쪽 문에 대한 집착 탓일까
열고 닫고 다시 연다

칩거蟄居 며칠

누웠다가 앉았다가 섰다가 밤낮없이
침실과 거실을 오락가락합니다

벌써 며칠째 집에만 박여 있습니다
아무래도 세상이 거꾸로 가는 것 같아
그렇게는 가고 싶지 않기 때문입니다

그러나 작아지기만 할 뿐 속절없어
자다가 깨다가 꿈꾸다 말다가 합니다
눈을 떠도 감아도 헛도는 듯합니다

아침엔 조금만, 점심은 제대로 먹어도
밤이면 혼술*이 술을 마시기도 합니다
줄담배 버릇도 고치지 못했습니다

하지만 다시 마음 다잡습니다
내키지 않는 길은 가지 않겠습니다

*혼자 마시는 술

구두

내 구두는 균형이 깨지곤 합니다
오른쪽의 뒤축은 오른쪽이 더 닳고
왼쪽의 뒤축은 왼쪽이 더 닳습니다

그러나 구두 탓은 아닙니다
순전히 내 탓입니다
살짝 팔자걸음이라서
오른발은 우편향이고
왼발은 좌편향이어서
그렇게 되고 맙니다
그러려고 그런 건 아닙니다

하지만 언제나 발을 내딛을 때는
온몸으로 균형을 유지하려 합니다
마음으로는 중심을 잡고 있습니다

구두를 벗어 들여다보면 민망하고
뒤축에겐 더욱 그러합니다

구두는 염치를 가르쳐주는
자성의 거울 같다는 생각도 듭니다

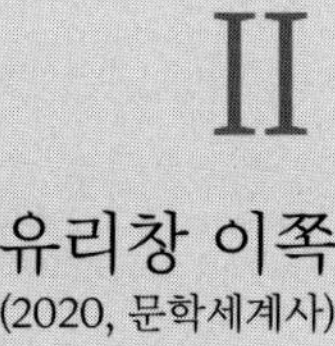

II

유리창 이쪽

(2020, 문학세계사)

무명無明 길

산 넘으면 산이,
강을 건너면 강이 기다린다
안개마을 지나면 또 안개마을이,
악몽 벗어나면 또 다른 악몽이

내 앞을 가로막는다

다람쥐가 쳇바퀴를 돌리듯이
잠자도 깨어나도 산 첩첩 물 중중,
아무리 가도 제자리걸음이다

눈을 들면 먼 허공,

그래도 산을 넘고 강을 건넌다
안개 헤치며 마을을 지나 마을로
악몽을 떨치면서 걸어간다
무명 길을 간다

별과 나

별은 아득한 하늘에 있고
나는 낮은 땅에서 쳐다보네

별은 내가 올려다보면 빛나건만
내게는 화답해 보내줄 빛이 없네
별도 나도 어둠과 가깝지만
그 관계는 사뭇 다르네
바탕과 배경이 어둠인 별은
캄캄해질수록 영롱하게 빛나건만
나는 안팎이 어둠으로 가득하네

내가 어두워진 만큼 빛나는
별을 우러러봐야만 하네

별에 대한 몽상

별들이 또 마음 흔든다
나는 저 별의 작은 부스러기일까
왜 별을 향해 팔을 뻗게 되는 걸까
옛 동방박사들은 빛나는 별을 따라나서
갓 태어난 아기 성자를 알현하면서
경배를 했다는데, 나는 왜 이렇게
뜬금없는 생각을 할까

하늘에 별들이 없었다면 어떠할까
시인들이 어둠 속에서
빛나는 꿈을 꿀 수 있었을까
보리수나무도 골고다 언덕도
이토록 신비와 경이의
상징으로 자리매김할 수 있었을까

나는 어디서 와서 어디로 가고 있는지,
정처도 없이 헤매야만 하는지,
하나의 꿈이 속절없이 스러지고 나면

또 다른 꿈이 허공을 떠돌다 말 뿐
어둠이 짙어질수록 왜 이리 자꾸만
별들을 향해 팔을 뻗게 되는 것일까
내가 작은 별의 부스러기여서
별을 자꾸만 끌어당기고 있는 것일까

사랑나라, 별나라

사랑으로 빚어진 떡, 사랑으로
빚은 술, 사랑으로 만들어진
안주, 사랑으로 만든
바람을 마시고 먹는 나라
사랑으로 지어진 집, 사랑으로
서 있는 기둥, 사랑으로 숨쉬는 먼지,
사랑이 물든 종이 위에
사랑의 글씨만 쓰인 나라
사랑의 밥을 먹고, 사랑의 옷을 입고
사랑의 국물을 마시고
기침도 사랑처럼 하는, 그런 꿈나라
언제까지나 바뀌지 않는
사랑의 눈빛과 가슴이 포개져
사랑의 말들만 반짝이는,
유리알처럼 투명한 꿈결에
먼 듯 가까이, 가까워지듯 먼 나라
이 지상의 늪에서 바라보면
어두워질수록 영롱해지는,

애달피 꿈꾸는 누이의
꿈속의 별나라, 끌어안을수록
불빛 더욱 따스해지는 사랑나라

불이문不二門 앞에서

마음이 흐렸다 갰다 흐리다

아직도 내려놓을 것들을
다 내려놓지 못해서다
다 비워내지 못해서다

꿈꾸는 나와 꿈밖의 내가
손을 맞잡지 못해서다
하나가 되지 못해서다

불국사 불이문 앞에 서서
연꽃들을 들여다본다
우두커니 들여다본다

연꽃들이 나의 등을 떠민다

불이不二의 바깥길

나는 네가 되고 너는 내가 되려 하지만
너는 내가, 나는 네가 될 수 없어서
나는 나고 너는 너일 수밖에,
꿈밖의 꿈은 한갓된 꿈인 것을
모르지 않으면서도 여전히 꿈을 꾸지만
나는 내 속에, 너는 네 속에 살고 있어
꿈밖은 꿈밖, 꿈속은 꿈속이라
네가 나를, 나는 너를 살지는
못한다는 걸 알면서도 목이 말라서,
나는 네가, 너는 내가 되려고 애쓰지만

오늘도 너와 나는 함께 그러나 따로
꿈밖에서 꿈길을 더듬어 나서보지만
불이의 바깥길, 헤매고 맴도는 것을,

글썽이다

물방울 속으로 들어간다
물방울이 된 나는
물방울 속에서 내다본다

투명하고 영롱하게
담백하고 정갈하게

풀잎에 글썽이는 아침 이슬
이슬방울로 잠깐
나도 햇살 받으며 글썽인다

잠깐 꾸는 꿈같이

담담해지고 싶다

말은 담박하게 삭이고
물 흐르듯이 걸어가고 싶다

지나가는 건 지나가게 두고
떠나가는 것들은 그냥 떠나보내고

이 괴로움도, 외로움도, 그리움도
두 팔로 오롯이 그러안으며

모두 다독여 앉혀놓고 싶다
이슬처럼, 물방울처럼

잠깐 꾸는 꿈같이

봄 전갈

—2020 대구 통신

오는 봄을 잘 전해 받았습니다
사진으로 맞이할 게 아니라
달려가 맞이하고 싶은 마음 굴뚝같지만
질 나쁜 바이러스 때문에 그럴 수가 없군요
사진 속의 눈새기꽃에 가슴 비비고
너도바람꽃에 마음을 끼얹고 있습니다
이곳은 지금 창살 없는 감옥,
육지에 떠 있는 섬 같습니다
노루귀꽃 현호색 꿩의바람꽃
데리고 오시겠다는 마음만 받겠습니다
안 보아도 벌써 느껴지고 보입니다
소백산 자락에 봄이 오고 있듯이 머지 않아
이곳에도 봄이 오리라고 믿고 있습니다
너도바람꽃이 전하는 말과
눈새기꽃 말에 귀기울입니다

당신은 괜찮으냐고, 몸조심 하라고
안부 전화가 걸려올 때마다,

그런 문자 메시지가 줄을 잇고 있어서
고맙기는 해도 되레 기분이 야릇해집니다
이곳이 왜 이 지경까지 되어버렸는지
생각조차 하기 싫어집니다
마스크 쓰고 먼 하늘을 쳐다봅니다

오늘도 몇 사람이 세상을 떠났습니다
코로나 바이러스에 감염된 사람들이
날마다 눈덩이처럼 불어나 억장이 무너집니다
하지만 그 끝이 보일 때가 오겠지요
더디게라도 새봄이 오기는 올 테지요

고도孤島

—또는 고독

나는 내 안에서 쉰다

안 보이던 문이 문득 열린다

눈을 감은 채 그 안으로 들어간다

흔들의자 하나가 나를 맞이해준다

그 의자에 앉아 쉰다

불현듯, 어떤 크고 부드러운 손이

내 어깨를 토닥이더니 그러안는다

그 신비의 품에 깊숙이 든다

나는 내 안에서 쉰다

산문山門 점묘 1

햇살 노곤한 산문의 봄날
낯선 새 한 마리 낮게 지저귄다

암자 바깥의 노송 그늘에
두 뺨이 발그레한 사미승이 앉아 있다
졸고 있는지
서러운 건지
꿈을 꾸는지
산마루에 한가로이 걸린 구름 한 자락
물끄러미 내려다보는 걸까

노스님의 독경 소리가 나지막이
새소리에 포개지고 있다

코 없는 돌부처

돌부처의 코가 없어졌다
누가 베어 간 것일까

애를 못 낳아 구박받는
여인의 소행일까

입가의 미소로 보아 그럴 것도 같고
눈을 들어 멀리 바라보고 있으니
어떤 망나니의 못된 짓일 듯도 하다

하지만 좌우지간
침묵할 수밖에 없을 터

결가부좌로 정토행
묵언수행 중일 것 같다

먼 풍등風燈

풍등이 하나 허공에 떠 있다
새들이 따라나서듯 날아오르고
날이 어둑어둑 저문다

강둑에 모여 있는 사람들은
풍등에 어떤 마음을 담아 띄운 걸까
거꾸로 가는 세상이 답답해서일까
세상이 바뀌기를 바라기 때문일까
까치발로 쳐다보는 강 이쪽의 나도
풍등에 소망을 끼얹어 본다

어느 별에 깃들었는지,
멀어져가던 풍등이 보이지 않고
사람들도 뿔뿔이 흩어져 간다

허공엔 모여앉아 반짝이는 별들,
나는 어둠 속에 그대로 붙박인다

계단

계단을 올라가고 있는데

맞은편 계단으로 그늘이 내려온다

눈을 내리깔면서 올라가는 중인데

눈을 치켜뜬 계단이 나를 쳐다본다

계단을 다 오르면 무엇이 기다릴까

앞서거니 뒤서거니 바쁜 바람소리
잎 다 떨궈 월동 준비를 마친 벚나무들이
외투 입은 나를 왜 저리 바라볼까

입고 벗는 월동 방법 차이 때문일까

문득 어디선가 들려오는 탬버린 소리

겨울풍의 그 소리가 탱글탱글하다

그늘이 내려오다가 걸음을 멈춘다

나도 계단에 멈춰 선다

마차가 말을 끌듯이

꿈꾸며 그 꿈을 좇아가 봐도
몸부림쳐 봐도 거기가 거기다

한때는 모든 걸 내려놓듯이
꿈꾸듯 말 듯 걸어가려고 했다
적막을 따뜻하게 끌어안으려 하고
보이고 느껴지는 것들을 뒤집으면서
그 뒤집은 모습만 보려 했다
절망을 절망하려 애태웠다

하지만 역시 그냥 그대로였다
나는 유리벽 이쪽에 있을 뿐

아무리 눈을 비비고 보아도
더 나은 세상은 오지 않는다
꿈은 꿈으로, 기다림은 기다림으로
그 자리에만 주저앉아 있는 건지,
마차가 말을 끌듯이, 세상은

요지부동, 나아가지 않는다

몸부림쳐 봐도 거기가 거기고
되레 거꾸로 가는 것만 같다

꿈꾸는 나라로

(2021, 문학세계사)

나를 기다리며

내가 나를 기다리는 동안
바람이 옷자락을 흔들다 간다
비행기 한 대가 아득히 멀어진다
어느 하늘 아래 떠돌고 있는지
돌아올 수 없어서 그런지

나는 돌아오지 않는다

내가 나를 기다리는 동안
새 한 마리가 날아왔다 간다
나는 다가오다 말고 되돌아간다
허공에 멀겋게 떠 있는 낮달
해가 서산 위에 기울어도

나는 돌아오지 않는다

내가 나를 기다리는 동안
참다못해 찾아 나서 보아도

끝내 내가 나를 만나지 못하면
그대로 되돌아오라는 것인지
나를 목마르게 불러 봐도

나는 돌아오지 않는다

범종梵鐘 소리 2

범종 소리에 귀를 가져가면

내가 그 소리 안에 든다

내가 그 소리에 감싸여 솔숲을 지난다

멀리 갈수록 희미해지는 것은

범종 소리뿐 아니라 나도 마찬가지다

멀리서 희미하게 나를 부르는

저 소리는 솔숲을 거스르며 가듯 말 듯

범종 속으로 되돌아간다

내가 다시 그 바깥을 떠돈다

풀잎 하나

깊은 산골짜기 밀림에 깃들면

찰나와 영원이 하나같다

지나간 시간도 다가오는 시간도

함께 어우러져 있는 것만 같다

울창한 나무 그늘에서 흔들리는

나는 조그만 풀잎 하나

꿈꾸다 꿈속에 든 풀잎 하나

여름 포구나무

멀리서 흐릿하게 들려오는 파도 소리
낯선 포구 가까운 마을에 머무는
한여름 한나절,
갓 빨아 넌 옥양목 같은 하늘에
새털구름들이 지워질 듯 떠가고 있다

유리벽에 갇혔던 날들을 잠시 잊고
세상 괴로움도 내려놓아 본다
포구나무 그늘,
이 그늘은 꿈결같이 그윽하다
찌르레기들이 날아들어 중창을 한다

불현듯, 까마득히 잊었던 모차르트의
피아노협주곡 제17번 3악장*이
포개져 흐른다
언젠가 마음 너무 무거워 듣던
그 선율이 왜 뜬금없이 되살아나는지

무성한 잎들을 달고 있는 포구나무는
말을 하는 입이 없을 것 같은데
무슨 조화일까,
아무 말 하지 않고 나를 끌듯이
찌르레기들을 불러 모으기 때문일까

단 한 번도 이 마을을 떠난 적 없이
말없는 말을 하는 포구나무의
이 푸근한 그늘,
먼 파도 소리를 지그시 당기듯
나를 붙들어 깃들게 하는 품속 같다

* 찌르레기의 지저귐을 바탕으로 작곡했다고 함.

황금비

여름 오후의 사문진 나루

쨍쨍한 하늘 우러러 곧추선
모감주나무 아래서 무아지경에 젖는다
전신을 덮은 황금빛 꽃들이
바람 따라 난분분 나부낀다
뛰어내리는 햇살과 어우러지는 황금비

봄이 와도 서두르지 않다가
봄 지나 피었다 지는 꽃잎들,
이 나무를 황금비 내리는 나무라고
이름 붙인 사람은 누구였을까
왜 무환목이라고도 했을까

열매 속 알맹이들을 불태우는 연기로
악귀를 내쫓기도 했다던가
문득, 겨울 강나루를 지나
모감주 열매 염주를 헤면서 걸어가는

노승의 뒷모습이 떠오른다

꿈결인 듯 내리는 황금비

고요를 향하여

나는 나의 가장 깊숙한 곳,
내면의 고요한 공간으로 내려간다
내려간다기보다 들어서려 한다
그 내면에는 나의
온전한 모습이 자리잡고 있으며
아픔도, 슬픔도, 외로움도, 다정하게
친구가 되어 주고
우울증도 마찬가지일 거라고 믿는다
그렇게 믿으면서 들어서려 한다
들어서려 하기보다
완강하게 안간힘으로 들어간다
한 번도 가 보지는 못한 길이지만
그 고요를 향하여 들어간다

이태백의 달

호수에 내려온 별들이 아름답다
물위에 어린 불빛들도 아름답다
물속의 둥근 달은 더 아름답다

술에 젖어 그리 보이는 걸까
해종일 보고 싶지 않은 것들과
진절머리나도록 마주쳐서 이럴까
보고 싶은 것들은 멀리 갔다가
해 진 뒤에야 돌아오는 걸까

늦은 밤 호숫가에 홀로 앉아
어둠 속 풍경들을 그러안는다
술잔 안에 이태백의 달이 뜬다

무장산鍪藏山 계곡

낮은 데로 흐르는 계곡 물은
은피리를 품는다고 했던가
누군가
눈을 감고 기만히 귀 열면
피리 소리도 들린다 했던가

무장사*를 뒤로하고 내려오는 길에
밀잠자리들이 앞서 난다
물소리를 따라 천천히 걷는 동안
황혼의 나무 그림자들이
느릿느릿 발길을 거둬들이고 있다

맑고 깨끗한 마음의 근원은
오르는 데 있지 않다고,
누군가
물이 흐르는 것과 같이
내려가는 데 있다고 했던가

무장산 계곡을 내려오는데
물소리, 은피리, 안 들리는 피리 소리,
황혼의 나무 그림자들이 발길을 늦춘다
그윽하게 마음이 맑아지려면 비우고
내려야겠다는 생각도 한다

*경주의 통일신라 사찰로 사지와 복원된 삼층석탑만 남아 있음.

수묵화 속으로

그가 수묵화에서 걸어나온다
두툼한 외투에다 중절모자를 쓰고
잎사귀 다 떨군 떡갈나무 사이로 걸어온다
산자락에는 성글게 흩날리는 눈발

보일 듯 말 듯 나뭇가지를 흔드는
새소리 몇 점, 얼음장 밑의 희미한 물소리
멀리서 끊어질 듯 말 듯 들려오는
풍경 소리와 독경 소리

그는 이 산중 암자에서
얼마간 수행하고 하산하는 것일까
어떻게 비우고 내려놓은 뒤 얼마나 채워서
다시 저잣거리로 내려오는 것일까

담채도 없는 수묵화처럼 담박해서
단 한마디 말도 붙여볼 수 없을 뿐이지만

그처럼 수묵화 속으로 깃들고 싶다
그는 나오나 나는 들고 싶다

오어사吾魚寺 물고기

오어사 앞의 개울 수면에
물고기 한 마리가 튀어 오른다
원효의 물고기일까, 혜공의 물고기일까

누구의 물고기 후예인지는 알 수 없지만
상류로 치고 오르는 게 훤히 보인다
물길을 거슬러 올라가고 싶은
나는 그저 바라볼 뿐

전설 속의 이 일화를,
그 농담 속 진담이 거느리는
상징을, 한없이 부럽게 바라보는 건
진리 탐구의 수행자를 흠모하기 때문이다

지극히 낮추므로 지극히 위대해지거나
불가사의한 신통력을 지녔던
고승들 행적이 눈부시다

달에 구름 가듯이

목월은 나그네가 구름에 달 가듯이
간다고 했지만
나는 달에 구름 가듯이 가는 것일까
목월은 청노루
맑은 눈에 도는 구름을 들여다보았지만
나는 고작 하늘의 구름을 올려다보면서
강나루 건너고
고개를 넘는가
산모롱이 돌아 느릅나무 새순을 보아도
술 익는 마을 찾아 도는 나그네가 되어
새봄의 한나절
까닭 모를 목마름으로 서글퍼지는가
갈수록 먼 길을
정처도 없이 떠돌기만 하는 것일까

고월古月

달빛을 끌어당기며 걷는다
옛날의 그 달인지, 외로운 달인지,
유월의 달이 구름을 비끼며 흘러간다
외로운 달이면서 옛날의 달이었던
시인을 그리워하며 걷는다

고양이였던 봄이 가고
그 고양이의 봄도 가고
가면 다시 돌아오지 않는
날들도 한결같은 걸음으로 간다
시인이 간 지 오랜 서성로를 서성대며
"한 마리 고양이를 완전히
살리기 위해 태어나 한 마리 고양이를
완전히 살리고 떠났다"*고 하는
시인의 플래티나 선으로
빚은 고양이 한 마리와
그 봄을 더듬어 간다

그분이 걷던 처마 밑의 길을
느릿느릿 달빛을 쟁이며 걷는다
달이 가는 방향으로 가다가 서다가
타임머신을 타고 거슬러 오르듯
고양이인 봄을 만나러 간다

*시인 공초 오상순의 말

큰아우 생각

큰아우는 나와 막내아우를
못마땅한 눈으로 바라보곤 했다
술을 한 잔도 안 마시는 그는
왜 술을 마시는지 알 수 없다고 했다
언제나 제정신으로만 살아가는 그는
정신이 흐리고 나가게도 하는
술을 왜 술이 술을 부를 때까지
마시기도 하느냐고, 도무지
이해하지 못하겠다고 핀잔했다
하지만 나도 막내아우도 오래
바카스 신을 불러들이기 일쑤였고
술이 술을 부를 때도 적지는 않았다
막내아우는 저승에서도 지금쯤
술잔을 기울이고 있을지 모른다
그 모습이 떠오르기도 한다
술 못 마시는 큰아우는 지금도 가끔
술잔 앞의 형 생각도 하겠지
이제 나이도 그만하니 덜 마시라고

우려하는 큰아우에게는 늘 민망스럽다
그런 그도 이즈음 투병 중이라
술잔을 들다가 가슴이 먹먹해진다
쾌차를 비는 마음 간절하다

숨비소리

들숨과 날숨 사이, 그 사이에는 죽음이 산다

잠시 숨을 멈추고 있는 사이

그 순간만큼의 목숨에는 죽음이 다가와 산다

누군가 산다는 건 죽어가는 것이라고 했지만

잠시 숨을 멈추고 있는 사이

그 순간만큼의 목숨에도 날숨과 들숨이 산다

들숨과 날숨이 살아 있지 않으면 숨을 못 쉰다

잠시 숨을 내쉬고 있는 사이

들숨 뒤 날숨이 죽음을 내보내는 걸 알게 된다

해녀들은 물질을 하다가 숨비소리로 돌아온다

잠시 숨을 내쉬고 있는 사이

그 휘파람 같은 소리는 목숨의 꽃을 피워 준다

나는 가끔 들숨 뒤에 날숨을 멈춰보기도 한다

내 숨만큼만 견디고 있다가

날숨을 내쉬면서 목숨의 숨비소리를 들어본다

IV

담박하게 정갈하게

(2022, 문학세계사)

나의 카르마*

밤에는 꿈을 꿀까 두렵지만

낮엔 안간힘으로 꿈을 불러들입니다

더 나은 삶을 향한 꿈꾸기와

가위누르는 꿈이 밤낮으로 길항합니다

이 길항은 어제오늘뿐 아니라

오랜 세월의 트라우마**이기도 합니다

그 그늘에서 말들이 빚어지고

가혹하게 지워지고 밀려나기도 합니다

하지만 그 그늘에서 언제나

더 나은 세계를 열망하고 있습니다

이젠 밤낮없이 꿈을 꿉니다

*업(業) 또는 업보(業報)
**심리적, 정신적 외상(外傷)

길과 나 1

길을 가다가 왜 이 길로 가고 있지,
라고 스스로 묻게 될 때가 있다
멈춰서서는 가지 않으면 어쩔 테지,
라고 다시 되묻게 될 때도 있다
가려고 하는 곳이 분명히 있더라도
가다가 안 가고 싶을 때가 있다
가고 싶지 않은 곳이었는데 불현듯
나도 몰래 가고 있을 때도 있다

내가 가는 길은 내 것이 아니라
길의 것일 따름이어서 그런 것일까
가고 싶거나 가고 싶지 않아도
길이 부르지 않으면 그렇게 되는지,
아무리 가고 싶은 곳이라 해도,
아무리 가고 싶지 않은 곳일지라도
길이 나를 부르면 가야 하지만
불러 주지 않으면 못 가는 것일까

가고 싶은 곳으로 가려 해도,
안 가고 싶은 곳으로 안 가려 해도,
길은 나를 부르다가 말고 그러다가
다시 부르고 있는 것만 같다

창가에 앉아 쉬다

창가에 우두커니 앉아 쉰다
구름도 창밖 오동나무에 앉아 쉰다
나른하게 졸 듯 말 듯 쉰다

보랏빛 오동꽃들이 피어나고
참새 몇 마리 쉬지 않고 지저귄다
햇살이 분주하게 뛰어내린다

빈집에 남아 쉬는 봄날 오후 한때
꿈을 깨어 보라고 하듯이
비웃기라도 하는 것같이
쉬지 않고 분주히 움직이는 것들,

전투기가 떼지어 날아가고
숨가쁘게 골목길을 헤치는 구급차,
시간만 한결같은 걸음이다

나는 창가에 눌러앉아 쉰다

구름도 오동나무 가지를 떠나지만
그대로 붙박이듯 앉아 쉰다

큰아우 별장에서

큰아우도 작은아우가 돌아간
먼 세상으로 떠나가고
오늘은 비바람에 나뭇잎들이 우수수 진다
먼 거리에 따로 있는
아우들의 유택이 낙엽 사이로 어른거리고
철부지였던 옛날들도
창가에 다가와 잠시 머문다

열한 살 소년 가장이던 나는
작은아우의 이름도 지었지만
언제나 집안 기둥 노릇은 큰아우가 했다
궂은일들 도맡아 하면서 바라지하고
장년엔 남달리 고향 일에 앞장서곤 했다
그가 없는 고향 별장에 앉아
안타까이 창밖을 바라본다

술을 마시지 못하는 큰아우는
술병으로 일찍 세상을 뜬

작은아우를 못마땅히 여겼을 뿐 아니라
내게도 핀잔이 잦았다
그런 큰아우가 몹쓸 병으로 먼저 가다니
가는 줄도 모르고 가다니
술잔에 눈물이 뚝뚝 떨어진다

탁마琢磨

썼다가는 지운다
지웠다가 되살려 쓰고
고쳐서 다시 들여다본다

처음 떠올린 마음을 되짚으면서
바뀐 마음도 들여다본다

잘못 바뀐 것 같기도 해
주저하다 초심으로 되돌아간다

지웠던 마음 되살아나고
또다시 바뀌는 마음이
그 위에 포개진다

몇 번이나 지웠다가 살리고
고쳐서 다시 또 들여다본다

챗바퀴 돌리는 다람쥐 같이

같은 궤도만 맴돌았던 말들

그나마 둥글어지긴 했는지
깎인 모서리를 들여다본다

집

꽁지가 빠지도록 힘겹게 지은 집을
한 해만 살다 버리는 까치를 생각하다가
제 침 뱉어 만든 진흙으로 지은 집을
반년만 살다 떠나는 제비를 생각하다가
제 창자에서 뽑아낸 실로 지은 집에
고작 열흘만 살 뿐인 누에 생각을 해 봅니다

사람들은 집 마련하려 이전투구泥田鬪狗하지만
한 지기 생각을 해 보면 허망합니다
평생 처음 마련한 집에 겨우 몇 해 살다
세상 떠날 땐 빈손이었기 때문입니다
언젠가는 미련없이 버리고 가야 할 집은
한동안 머물다 비우는 곳일 테지요

누에고치와 제비집과 까치집을 떠올려 보다가
내가 사는 집을 한 바퀴 돌아보면서
빈 손바닥을 한참이나 들여다봅니다

빈손으로 왔다가 빈손으로 떠나가는
사람들이 저 미물들보다도 어리석지 않을까요

입 막고 코 막고

— 코로나 블루 1

눈을 뜨고 귀를 열며 길을 나섭니다
사람을 만날 때마다
입을 막고 코도 막아야 합니다
낯선 사람, 낯익은 사람들 모두가
코를 막고 입도 막고 있습니다
귀를 열고 눈을 떠도
보나마나 들으나 마나일 뿐입니다

사람 사이가 가까워지지 않습니다
일정한 거리를 두고
경계하며 불신하고 있습니다
그 누가 입을 열고 코를 열면서
헤칠지도 모르기 때문입니다
사람과 사람은 이제
서로 못 믿어 멀어지는 사이입니다

나는 작아져서

나는 작을 대로 작아져서
이슬방울 속으로 들어갑니다
나는 그렇게 작아지고 작아져서
잠깐이라도 그 맑은 글썽임 속에서
진절머리나는 이 풍진세상이
투명하게 밝아지기를 소망합니다
새 아침의 햇살을 끌어당기며
글썽이다가 흘러내리거나 기화하는
이슬방울과 함께 기화하거나
흘러내리고 싶기도 합니다
나는 작아지고 작아져서

이 풍진세상에서는 보이지 않는
맑고 깨끗한 공기 입자가 돼서라도
새 아침에는 거듭나고 싶습니다

연꽃 갈피

청도 화양 유등 연지에서 한나절

나는 갈피 잃은 바람일까요

마음의 갈피를 잡지 못해 헤매다

연꽃 갈피에 깃들고 싶어 찾아왔건만

아무리 애써도 깃들 수 없습니다

진창에 빠진 채 허우적대는

마음 오롯이 데리고 오려 했는데

빈 몸으로만 온 것일는지요

진흙 연지의 꽃들이 너무 눈부셔

그 언저리를 스치거나 맴돌고 있을 뿐

정처도 없이 헤매는 떠돌이 바람,

나는 그런 바람인가 봅니다

아무래도 깃들 수 없는 연꽃 갈피

달과 개

달을 쳐다보며 개가 짖는다

호수에 떠 있는 달이

연방 그 광경을 올려다본다

개가 꼬리를 흔들며

호수에 뜬 달을 들여다본다

하늘에 떠 있는 달이

물끄러미 개를 내려다본다

꼬리를 내리는 개가

달빛 받으며 어디론가 간다

만대루晩對樓*에서

하늘에 흰 구름 한 자락
가듯 말 듯 가고 있다
만대루에 앉아 바라보면
병산屛山에 머물다 가는 모습은
노승이 묵언수행 마치고
마음 추스르며 느리게
탁발 떠나는 발걸음 같다

달을 가리켜도 달이 아닌
손가락을 쳐다보듯이
만대루에 앉아 미련하게
강을 감싸 안은 병산이 아니라
허공의 구름을 바라보는
이 마음의 아둔함이여
뜬구름 같은 내 마음이여

*안동 병산서원의 누각

목련나무, 산딸나무

팔 벌리고 서 있는 목련나무
잎사귀들이 햇살 받으며 반짝입니다

며칠간 피었다가 져버린
꽃들을 차마 못 잊어 그런 걸까요
꽃잎이 떨어져서 뒹굴던
발치의 빈 땅바닥을 내려다봅니다
하늘도 가끔 쳐다봅나다

흘러가는 시간도 티끌로 돌아갈까요
가슴에는 티끌들만 쌓입니다

목련나무 옆의 살딸나무는
돋아나는 잎사귀들을 흔들어댑니다

먼 옛날 십자가로 쓰였던
기억을 떨칠 수 없어서 저럴까요
온몸을 비트는 것 같네요.

부활절 지난 지도 한참 되었는데
마냥 조아리며 서 있군요

우리의 삶도 저와 같지 않을는지요
십자가 우러러 손 모읍니다

소나무 그늘

깊은 산골짜기, 솔숲에 든다
마을에 두고 온 마음의 그늘들도
따라오거나 슬며시 먼저 온 건지
소나무 아래서 웅크리고 있다
아무도 안 만나고 싶어 칩거하던
사람 기피증이 안 풀려서 그럴까
민망스럽고 딱하기 그지없다
멧새들이 다정하게 속삭이고
지나는 바람이 타이르는 듯한데
아직도 마음이 되돌려지지 않아
소나무 그늘에 주저앉을 뿐
상처가 깊은 마음을 추스르면서
한참 나를 들여다보고 있노라면
소나무 그늘이 나를 품는다

상사화相思花

따끈한 맨발로 뛰어내리는 햇살
진초록 잎들이 다 진 뒤에야
달아오른 홍자색 그리움

잎이 꽃을 그리워하듯이
꽃은 잎을 저리 그리워할까
한여름 천사의 저 애달픈 사연

상사화 활짝 핀 오후 한나절엔
멀리 떠나버린 그대 그리워
아득한 하늘 우러러본다

물같이 가고 오는 세월,
속절없이 꿈길을 걸어가는
그대는 오늘도 나를 그리워할까

V

나를 찾아가다

(2022, 문학세계사)

그가 나를 부르지만

호수에 내려온 달이 나를 쳐다본다
나는 그 달을 들여다본다
등 뒤에서 누가 나를 부른다
뒤돌아보지 않아도 그가 누구인지,
왜 나를 부르는지 알고 있다

돌아보면 그가 안 보이고
부르던 소리도 들리지 않는다
내가 밤하늘에 뜬 달을 올려다보면
달이 나를 내려다보고 있다

그가 달에 깃들어 버렸는지
별과 함께 나를 들여다보고 있는지
꿈속에서도 기다리던 그지만
나는 그를 만날 수 없다

호수에 내린 달을 바라보면
그가 등 뒤에서 다시 나를 부르지만

뒤돌아보면 그가 안 보인다
달을 들여다보고 있으면
달이 쳐다보고 그가 또 나를 부른다

칩거하다가

창을 열면 바깥바람이 쳐들어온다
보이지도 않게 나를 흔든다

바깥출입 억제하며
언제나 사람과 거리를 두고
창을 닫고 마음도 잠근 채 칩거하니
창문만 열어도 이런 것일까

바깥바람을 두려워하고
사람이 더욱 두려웠던 날들,
창을 열고 한참 흔들리다 좌정하면
보이기보다 안 보이는 것이
왜 그리도 무서웠는지,

이윽고 훤히 들여다보인다
악성 바이러스는 그중 일부였을 뿐
시시각각 목을 옥죄려 들던
보이지도 않는 바람,

그런 바람 같던 사람들과도
맞서려고 마음 일으켜 세워 본다

고요

입을 다물고 귀를 열고 눈을 뜬다

눈앞이 점점 더 흐려지지만

낮게 내려서며 고요를 듣는다

침묵의 심연을 돌아나오는

고요에 이슥고 아늑하게 감싸인다

점 또는 티끌

눈을 감고 내가 내 속으로 든다
광대무변의 우주도 더불어 들어온다
이 찰나는 영원과 한 몸이다

눈을 뜨니 나는 작은 점이다
영원을 지나치는 작디작은 티끌이다
그래도 우주는 나를 품어 안는다

나를 부르다

솔바람소리로 마음 단정하게 빗고
맑게 흘러가는 물에 발을 담근다
이럴 때는 내가 나를 부른다
소나무가 허리 굽혀 들여다보고
그 위의 구름 몇몇도 내려다본다

바람이 불면 바람을 따라가 보고
구름이 떠가면 구름을 따라간다
이럴 땐 나 홀로가 제격이다
아프고 삭막한 날들 불러 모아
마음이 가는 곳으로 풀어 놓는다

내가 부르면 가다가 되돌아오고
와서 다시 저만큼 떠나가지만
내가 내 속으로 잦아들어야
떠돌던 내가 돌아와 머무른다
물소리, 새소리도 환하게 빛난다

법당 연못

연꽃 피기를 기다리는 연못에
거꾸로 선 불탑과 구름 한 자락

구름을 붙드는 배롱나무는
물구나무선 채 이따금 몸을 흔들고
잉어들이 줄을 지어 탑돌이를 한다

내가 수면에 비친 나를 들여다보고
수면의 나는 나를 올려다보고 있다
하늘은 그윽이 내려다본다

법당에서 들여오는 염불 소리에
잠깨듯이 벙그는 연꽃 봉오리

산골 물소리 1

숲길이 느바기*로 산그늘을 끌고 간다
나도 그 그늘을 따라 걷는다
옷깃을 시나브로 흔드는 바람

돌다리를 건너 점점 깊어지는
산길을 따라 나도 느바기로 걸어간다

바위 사이로 내려가는 물이 맑고 밝다
물속에는 은피리들이 유유히
물소리 따라 유영하고 있는지
안 보이지만 보일 것만 같다
나무 사이로 눈부시게 뛰어내리는 햇살

이 산골짜기 숲길에서 들리는 물소리는
신비스럽고 신성한 선율 같다

은피리가 연주하는 피리 소리는

안 들려도 그지없이 아름답다
멧새들이 가끔 배음을 깔아주기도 한다

*느리고 바르고 기쁘게

고탑古塔 앞에서

겨울 오후 한때, 갈 길이 안 보여
고탑 앞에 멈추어 선다
서녘에는 때 이른 저녁놀 몇 점

아주 먼 데서 날아온 듯한
홍방울새가 탑에 앉아 지저귄다

고탑은 구름모자를 벗거나 쓰면서
홍방울새와 나를 번갈아 바라본다
바라보면서 추호의 미동조차 없다

먼 길을 오거나 못 간 나그네를
고탑은 어떻게 보고 있을까

홍방울새 이마 위가 왜 붉은지
내 이마 위는 왜 검은지
고탑은 그저 바라보기만 하리라

눈새기꽃

새봄을 기다리는 겨울 끝자락
눈을 뚫고 피어오른 눈새기꽃
샛노란 꽃송이에 마음 끼얹고 있으면
늙은 소나무도 허리 구부려 굽어본다

세상이 하도 수상해 너무나 간절했던
새봄을 끌어당겨 알려 주는 눈새기꽃
이제 세상도 달라질 거라고
잃어 버렸던 봄도 되찾게 될 거라고
말해 주는 것만 같아 귀를 기울인다

하늘도 낮게 내려오면서 눈새기꽃과
밤낮으로 새봄을 꿈꾸어온 나에게도
환한 햇살을 안겨주는 걸까
새봄의 화신 같은 눈새기꽃

수선화

봄이 오는 창가에 앉아 기다린다
올지 오지 못할지 모를 그 사람과
필 듯 말 듯 피지 않는 수선화를

해종일 애태우며 기다린다
수선화는 이제 곧 필 것 같은데
그 사람은 영영 안 올는지 모른다
행여 올지도 모른다는 기대감을
꽃대에 포개어 들여다본다

나르키소스를 뒤따라가 버렸을까
감감무소식인 그 사람이 그리워서
수선화 피기를 쓸쓸히 기다린다

찬사와 화답

햇살이 막 피어나는 봄꽃들에게
아름답다고 따스한 찬사를 보낸다
그대가 나를 있게 해 주고 있다고
봄꽃들이 온몸으로 화답을 한다

봄꽃들이 햇살에게
햇살이 봄꽃들에게

겨우내 함께 새봄을 기다렸다고
인동의 길을 새기며 서로 다독인다
은밀하게 말 없는 말을 주고받는다
저들의 찬사도 화답도 포근하다

등나무 그늘

오후 한때 등나무 그늘에서

연보랏빛 꽃비를 맞는다

가고 싶은 곳을 다 접어버리고

안 가고 싶은 곳도 다 지워버리고

장의자에 비스듬히 기대어 앉아

지는 꽃잎을 가슴으로 받아들인다

멧새들이 날아들어 지저귀자만

그 뜻을 알고 싶지 않다

등나무 그늘에 그냥 머문다

울릉도 향나무

—가곡을 위한 시

발을 조금 내디뎌도 떨어질 벼랑 바위에
키 작은 향나무가 하늘로 팔을 뻗고 있네
바위 틈새로 안간힘 다해 뿌리를 내리네
꽉 잡고 있는 건 바위가 아니라 쪽빛 바다,
바다가 떠받들고 있는 옥빛 먼 하늘이네
이따금 하늘이 슬며시 내려와 보듬어주고
산지사방 부는 바람이 날개를 달아주네
울릉도 향나무는 향기 대궐 한 채를 품고
그 향기를 바다와 하늘로 퍼 나르고 있네

이따금 하늘이 슬며시 내려와 보듬어주고
산지사방 부는 바람이 날개를 달아주네
울릉도 향나무는 향기 대궐 한 채를 품고
그 향기를 바다와 하늘로 퍼 나르고 있네

빗방울 전주곡

비 내리는 오후, 술을 마신다
유리창 너머의 부드러운 가랑비같이

술잔을 비우고 다시 채운다
등 뒤에서는 쇼팽의 '빗방울 전주곡'이
창밖의 빗소리와 어우러지듯이 흐른다

채웠던 술잔을 다시 비운다
갑자기 거칠어지는 빗줄기,

'빗방울'도 리듬이 소나기처럼 바뀐다
세찬 빗줄기 쏟아지듯 술잔을 비운다

내가 왜 이러고 있는 걸까
내리는 비의 리듬 때문일까

빗속의 상드를 걱정하는 쇼팽과 같이
연인을 애타게 기다리는 것도 아닌데

술버릇과 비의 함수 때문일까

'빗방울' 리듬이 다시 평온을 찾는다
나도 술잔을 느리게 비운다

VI

유리벽 안팎

(2023, 문학세계사)

유리벽 안팎 1

유리창 너머 새가 날아왔다가 간다
새가 앉았던 나무에 바람이 지나가고
바람이 가고 오는 동안에는
구름 따라왔는지, 바람을 따라가는지
먼 날들이 다가왔다가 간다

지난날 붙잡으려던 미련도 내려놓는다
산 너머로는 구름이 떠가고
하늘 저편으로 비행기가 날아간다
안과 밖을 갈라놓는 유리벽,
이 투명하지만 견고한 벽에 갇힌 나는
벗어나려고 안간힘쓰면서도
한편으로는 왜 눌러앉으려 하는지
앞길로만 갈 줄밖에 모르는
세월은 언제까지나 같은 걸음으로 간다

가서 돌아오는 것들도 가고
다시는 돌아오지 못하는 것들도 간다

유리창 밖을 바라보고 있던
내 마음이 그 풍경 속으로 갔다 오고
돌아와서는 가는 것들을 따라간다

유리벽 안팎 2

며칠째 두문불출, 마음만 이따금
바깥으로 내보내거나
방에 가두기도 합니다
지독한 몸살 탓도 없지 않으나
바깥세상에 안 나가고 싶어서지요

그렇다면 나는 자초해서
유리벽에 갇힌 걸까요

오늘은 오랜만에
창유리를 말끔하게 닦았습니다
유리창으로 바깥을 훤히 내다보고
지나치던 새나 바람도 더러는
유리창 이쪽을 들여다볼 수 있게
그랬다면 난센스일는지 몰라도
그러고 싶었어요

때로는 나를 가둬놓고

바깥을 바라보기만 해요

새 한 마리가 창밖의 나무에 앉아
한참이나 지저귀다 갔습니다
바람도 창을 두드리다가
아무 반응을 안 보이자
가더니 다시 창을 두드리는군요

계단 2

우리 집은 산발치에 있습니다

집에 가려면 계단을 올라가야 하고
집을 나서면 계단을 내려가야 합니다

하루에도 몇 번 계단을 오르내려야 합니다
올라가면 내려오고 내려오면
다시 올라가야 하는 게 일상만은 아닙니다
산다는 것도, 꿈을 꾸는 것도
계단 오르내리기가 아닐는지요
올라가면 내려올 수밖에 없고
내려오면 다시 올라갈 수밖에 없는 계단은
상승과 하강을 거듭하는 삶과
내려와서는 다시 오르려는 꿈길 같습니다

꿈을 꾸기 때문에 살아갈 수 있으며
살아가야 하므로 꿈을 꾸게 됩니다

산 위엔 높은 하늘이 있습니다

계단을 오르내리면서 이 연옥에 살지만
이따금 꿈속에서는
천국에 이르는 계단을 오르기도 합니다

바다 이불

노을은 바다의 무늬 고운 이불일까

수평선에 조금 걸려 있던 해가

그 이불을 끌어당겨 뒤집어쓴 것일까

달이 뜨고 별들이 흩어져 앉아,

더러는 이마 맞대고 서서 깜빡이면서

그 이불 무늬를 바꾸어 놓는다

해가 수평선 너머에서 잠자는 동안은

달과 별들이 바다 이불의 무늬,

바다와 해의 꿈결이라고 해도 될까

새가 되고 물이 되어

작은 새가 되고 싶다는 생각을 하다가
흐르는 물이 되고 싶다는 생각도 한다
한없이 아래로 내려가고 싶어지다가
끝없이 날아오르고 싶어지기도 한다

길이 없는 길도 갈 수 있기를 바라다가
낮은 데로 내리려는 꿈에 불을 지핀다

냇물이 흐르고 흘러 바다에 이르듯이
작은 새가 허공을 품었다가 되돌려주듯

자유분방하지만 순리에 따르려 한다
새가 허공으로 아득하게 날아오르고
냇물이 흐르고 모여서 바다를 이루듯
낮게 내리면서도 높이 날고 싶어진다

저무는 강가에서

날이 저문다고 생각하다가
아침을 잉태한다고 생각을 바꾼다

어둠이 밀려온다고 썼다가는
달이 뜨고 별들이 뜬다고 고쳐 쓴다

알몸의 겨울나무들이 안쓰럽다가도
새 옷을 갈아입는 중이라 늠름해 보인다

오면 가게 마련이라는 무상감에 젖다가
가서 다시 돌아오기를 기다리기로 한다

등돌리고 떠나간 사람을 원망하다 말고
왜 등을 돌리고 갔는지 생각해 본다

세상살이 새옹지마라고 슬퍼하다가
상선약수라는 말을 떠올린다

저무는 강을 느긋하게 바라보면서
강물 소리에 귀를 기울인다

술잔 속의 파도

바닷가에 갔다가 온 저녁에는
술잔 속에 바다가 퍼덕거린다
끝없이 밀려오는 파도가
갯바위에 토해놓던 포말
그 원시의 말들이 허옇게 춤춘다

술잔을 비우고 다시 가득 채우면
밀려오는 그 원시의 말,
포말들이 또 춤을 춘다
술에 잔뜩 취해서 들여다보니
술잔 속 술이 바로 그 파도다

절해고도絶海孤島 2

빗장 지르고 스스로 갇혀 있는

나는 절해고도다

모든 것이 내 탓인지 알 수 없지만

사람들 속에서 사람이 하도 그리워

사람을 찾아가는

세파 속의 꿈꾸는 절해고도다

자작나무 꿈길

눈이 내리다 말다 하는 겨울 한낮
느리게 걷는 자작나무 숲길은 꿈길이다
이 나무들은 흰 살결을 드러내기보다
온몸으로 은빛 꿈을 내비치는 것 같다
그 사이로 걸어가다 보면
나도 몰래 그 꿈 언저리를 맴돈다
간간이 내리는 눈송이는
그 은빛 꿈에 같은 꿈을 포개는 걸까
오래전 톨스토이 영지에서 바라보던
그 자작나무들도 하늘로 팔을 뻗으면서
예까지 온 건지 보이다 말다 한다

자작나무 사잇길을 걷다가 보면
내 꿈도 검은 살결에 반쯤은 흰 빛깔을
내비치지 않았나 하는 생각도 든다
하지만 한결같이 하늘을 우러르는
자작나무의 온몸으로 꾸는 꿈같이
온몸으로 은빛 꿈을 꾸고 싶어진다

겨울 한낮 느리게 걷는 자작나무 숲길은
그런 꿈을 꾸게 부추기기도 한다

영원을 품듯이

밤새 눈 내려 모든 길이 지워졌다

마치 오늘이 첫날이듯이
그보다 마지막 날이듯이

희디희게 지워진 길을 더듬어 나서며

난생의 첫발을 내딛듯이
마지막 발을 제겨딛듯이

이 찰나를 끌어안아 영원을 품듯이

꽃 한 송이

마음 비운 자리에 꽃 한 송이 핀다

저 생명의 절정인 꽃,

비워서 차오르는 저 절정의 찰나를

처음이듯, 마지막이듯

깊이, 더 깊이 끌어당겨 그러안는다

이 찰나가 영원이듯,

영원이 바로 이 찰나이듯, 피어나는

절정의 꽃 한 송이

마음 내려놓은 자리에 그 꽃이 핀다

겨울 산울타리

줄지어 선 화살나무들 옆엔 치자나무,
바로 옆으로는 회양목들,
남천 다음으로는 흰말채나무들이군요
산울타리 역할에 동참한
페리칸사스는 빨간 열매를 달고 있어
벌거벗은 흰말채나무들도
온몸을 빨갛게 달구고 있는 중일까요
산철쭉이나 영산홍들도
소외될까 빈 몸으로 어깨 겯고 있군요
누가 시위를 당길 건지
화살나무들은 기다리는 자세 같습니다
이젠 누군가가 단호하게
나쁜 무리에게 화살을 날렸으면 해요
좀작살나무꽃이 다 져도
남천들은 아직 붉은 잎새들을 붙들고
쥐똥나무 까만 열매들은
매달려서 나눌 사연이 많은가 봅니다
치자꽃들 진 지 오래지만

그 향기를 넌지시 끌어당기고 있으면
내게는 울타리가 없어서
이들 나무가 죄다 부러워 보일는지요
그저께는 폭설이 내리고
북풍에 몸보다 마음이 더 추워집니다
내가 딱해 보여서 그런지
회화나무들은 다가서듯이 굽어봅니다

낙조落照

수평선 위의 지는 해를 바라본다
지는 햇빛이 저리도 찬란해 보이는 것은
언제나 어디서나 한결같던 그분의
생애를 떠올리게 하기 때문일까

잘사는 것은 잘 내려놓는 것이라는 말의
의미를 일깨우고 앞장서 보이던
그분의 겸허한 구도와 사랑의 빛,
세상 떠날 때까지 베풀고 나누던
그 모습, 이토록 우러르게 하며
서녘 노을마저 우러러보게 하는 것일까

해가 수평선 너머 가버린 뒤에도
발길 돌리지 않은 채 우러르는 건
그분 생애와 지는 햇빛이 한데 어우러진
장엄한 서사로 보이기 때문일까

녹명鹿鳴

—어떤 가인歌人

사슴 같은 사람을 만나면
나를 들여다보게 된다
언제나 나누고 베푸는 그 사람은
사슴 우는 소리를 좋아할까
먹이만 찾으면 목놓아 울면서
다른 사슴들을 불러 모아서
함께 나눠 먹는 사슴을 좋아할까
그래서 사슴 같은 가인이 됐을까
그 가인만 만나면 부끄럽다
나만 살겠다는 사람들 틈에서
함께 살아가자는 그 사람은
사슴 울음 같은 노래를 부르면서
나를 들여다보게 한다
그 노래에 젖어 들게 한다

VII

먼 여로
(2024, 문학세계사)

짧은 꿈

한낮, 의자에 앉아 잠깐 조는 사이
나는 새가 되어 하늘로 날고 있더군요

무슨 새인지는 알 수 없어도
한눈에 드는 세상을 내려다보며
커다란 날개를 힘차게 퍼덕이더군요

세상은 꿈 밖에서나 꿈속에서나
마찬가지로 거꾸로 돌아가고 있어도
높은 데서 내려다보니 다르더군요

달라질 기미가 보이기 때문이지요
세상 바로잡으려는 사람들을 따르는
군중이 구름 떼같이 몰리더군요

졸다 깨고 나니 짧게 꾼 꿈이었어요
얼마나 간절했길래 새가 되어서
달라진 세상을 보았겠어요

마차가 말을 끌던 시절은 지나갔지만
아직 마차가 삐걱거려 안타깝군요

갈등葛藤 1

소나무는 소리 없는 아우성을 지를까요
등나무 넝쿨과 칡넝쿨이 줄기차게
옥죄고 있으니까요
등나무가 시계 방향으로 죄어가고
칡넝쿨들은 반대 방향으로 죄고 있군요

저 소나무가 내 처지를 들여다보게 해요
누군가가 보이지도 않게 공격하고
또 누군가는 연신
안 그런 척하면서 등에 칼을 대니
남몰래 숨 막힐 지경으로 괴로우니까요

포용이라는 말은 사전에서 잠든 걸까요
소나무나 나나 갈등 때문에
내 탓이라는 말도 무색해지지 않겠어요

먼 그대

상사화가 피어날 때는 꽃무릇이 떠오르고
꽃무릇을 바라보면 상사화 생각이 난다

헤어진 뒤 만날 수 없는 그대가 꽃이고
그대를 그리워하는 내가 잎인지
내가 꽃이고 그대가 잎인지도 생각해 본다

꽃이 지고 나서 잎이 돋아나고
잎이 져야만 꽃이 피는 운명이
우리 사이와 다른 게 무엇일까

지난여름에는 상사화 보면서 가슴 아팠고
이 가을에는 꽃무릇을 바라보며
그대 생각에 남모르게 애간장 태운다

상사화 피면 그대는 꽃을 그리워하고
꽃무릇 지면서야 나도 잎으로 돋아날까

홍방울새를 기다리며

홍방울새들이 언제 돌아오려나
구름이 흘러가는 먼 하늘,
마음은 구름 따라 흐르고
나뭇잎들이 우수수 지고 있다

창가에 앉아 비발디의 플루트 협주곡
'홍방울새'를 듣고 있으면
무리 지어 파도처럼 날아오는 홍방울새들이
간밤 꿈속이듯 날고 있다
날아들면서 일제히 D장조로 지저귄다

한곳에 머물지 못하고 떠도는 마음은
흐르는 강물 같아서일까
멀리 떠났다가 눈 내릴 무렵에야 되돌아오는
홍방울새 떼를 기다리는
마음의 빈 뜨락에도 첫눈이 내리려나

예이츠의 홍방울새들 날갯짓도

다가오듯 보이지 않지만
창가에 우두커니 앉아서
돌아올 홍방울새들을 기다린다

풍경風磬 물고기

풍경이 울리고 풍경 추 아래의
물고기가 그 소리 따라 유영합니다

풍경 소리는 먼 옥빛 하늘 아래
넘실거리는 망망대해를 흔들어 깨우고
깨어 있는 물고기에게는
길을 열어주고 있습니다
절집의 처마는 바다의 한가운데이면서
세상 깨우는 요람입니다
깨어서도 잠을 자면서도
눈 뜨는 물고기는 깨우침의 화신인 듯
죽으면서도 눈을 감지 않습니다

풍경 소리에 물고기가 유영합니다
물고기는 깨침의 길을 엽니다

나무 물고기

나무 물고기는 절집에 삽니다
바다가 아니라 허공에 매달려 삽니다
나무 물고기에게는 허공이 바다입니다

허공처럼 텅 빈 뱃속을
나무막대로 두들겨 맞으며 나아갑니다
맞아야 내는 그 소리가
퍼져나가면서 무명을 흔들어 깨웁니다
한결같이 눈을 뜬 채로

언제나 깨어 있으라고 나무 물고기는
세상을 배울림으로 일깨워 줍니다
허공을 환히 밝히고 있습니다

눈길

눈길을 걸으면 발자국들이 따라옵니다

따라오다 이내 지워지면서 따라옵니다

뒤돌아보면 지나온 길이 지워지고

가려는 길도 죄다 지워져 안 보입니다

가던 길을 멈춰서서 눈을 맞고 있으면

길을 따라가기보다 길을 내면서

가고 싶어지게 부추기는 걸까요

아침부터 내리던 눈은 한나절 지난 뒤

지나온 길도 가려는 길도 다 지웠지만

왜 새길을 걷고 싶게 하는 건지요

눈이 그치고 나서 지워진 길을 나서면

발자국들이 새길을 내면서 따라옵니다

물의 길

강가에 서서 내려갈 길을 떠올리다
계단 앞에 이르러선 오를 길을 찾는다
계단을 오른 뒤 강물을 내려다본다

아래로만 흘러가는 물의 길
하늘을 향해 팔을 뻗는 강둑의 나무들도
저 길을 들여다보고 있으려나

하늘은 우러러 살게 하지만
강물은 내려가고 더 내려가야 오른다는
세상의 순리를 일깨워 준다

늘 제자리를 지키는 나무들은
계단을 오르고 내리는 나를 바라보면서
마음은 한결같기를 바랄까

변함없이 제자리를 지키고 있으면서

하늘 우러러 물길을 따르는 게 도리라고
나무가 나직이 귀띔해 주는 것 같다

달빛 소나타

늦가을 이른 저녁 달빛 따라 걷는다

풀벌레 소리가 따라오고

발치에는 우수수 나뭇잎들이 떨어진다

별들이 내려와 뜨고 있는 호수를 지나

달빛이 밝혀 주는 길로 걸어간다

(쓸쓸하면서도 왠지 따스해진다)

산모롱이를 돌아 한참 가다 보면

달빛이 내려가는 길을 더 환히 비춘다

발길을 돌려 다시 달빛을 따라 걷는다

풀벌레 소리가 따라오고

가까워지는 마을에도 달빛이 환하다

꽁지 마을, 첫눈

꽁지 마을에 첫눈이 내린다
야트막한 지붕들이 어깨 겯듯 다정히
눈송이를 맞아들이고 있다

잎들 진 감나무에는 까치밥 두어 개,
까치들은 보이지 않고
몇 마리 참새가 감나무에 모여 앉아
어둠살을 쪼아대는 중일까
골목길에는 한 사람도 보이지 않는데
집마다 따스한 불이 켜진다

낮은 굴뚝들이 피워 올리는
저녁연기 너머로 따스하고 포근하게
번지는 무반주 첼로 선율,
귀를 기울이고 있으면 나도 모르게
꿈속에 드는 것 같다
아득한 옛날에 꿈꾸던 동화의 나라,

꽁지 마을에 내리는 눈은
그 먼 나라에서 내려오는 요정 같다
첼로 선율에 포갠 복음 같다

초승달

밤하늘에 떠 있는 초승달은
사람마다 다른 모습으로 보이는가 봐요
어떤 사람은 입술 같다고 하는데
눈썹 같다고 하는 사람도 있더군요
누군가는 나뭇잎 한 장 같다는데
깎아서 버린 손톱 같다는 사람도 있고
빈 접시 같다는 이도 있어요

허기진 사람에게는 빈 접시,
버림받은 사람에게는 손톱 같은 걸까요
외로운 사람에게는 나뭇잎 한 장,
미모지상주의자에게는 눈썹 같지만
실연한 이는 입술로 보이나 봐요
초승달은 사람에 따라 다른 달이더군요
마음이 거울이라 그럴는지요

초승달을 바라보면 왠지 나는
비워낸 마음이 다시 차오르는 것 같고

내려놓은 것들을 떠오르게도 해요
지나온 길과 갈 길을 들여다보게 하고
나를 일으켜 세워주기도 해요

시간여행

마음 울적해 모처럼 찾아온 고향 마을
옛날은 까마득하게 가버렸는데도
옛사람들이 타임머신을 탄 듯 다가섭니다

타향에선 이따금 희미하게 보이던 옛날도
그 시절 사람들이 데리고 온 듯
먼 산 넘으며 점점 가까이 다가옵니다

자라봉 밑 시내에서 썰매를 타고
팽이를 치던 동네 아이들이 다가오고
정월 대보름날 쥐불놀이를 하던 때도,
수박 서리 하던 날도 다가옵니다

어머니를 졸라서 외갓집 가던 길,
외손자가 귀엽다고 해금을 켜주시던
외할아버지와 처마에 매달린 고드름,
그런 장면들 역시 선히 보입니다

재실 강당에서 가끔 한문 가르치시던
아버지의 낙향 이후 몇 해 모습,
병환으로 집 떠나시던 장면도 선연합니다

또 몇 해 뒤 한겨울 눈보라 치던 어느 날
세상 떠나시고 귀향하신 아버지,
넋잃은 채 울부짖던 나도 보입니다

처가 고택

경북 포항시 북구 죽장면 입암리
비운 지 오래된 처가 고택,
허물어진 대문에 나무들이 버텨서 있다

새 주인은 나무들과 마른풀들
옛 주인을 알고 있기나 할는지
분방하게 사는 모습이 그야말로 가관이다
군데군데 기왓장들이 나뒹굴고
지붕도 몇 군데나 상처가 깊다
담장 밖에 서서 망연자실 바라봐야 할 뿐
강 건너 등불 같은 옛 기억들

애지중지 고택 지키던 장모는
백수 넘기고 별세하신 뒤 몇 해 머무시던
집 인근 묵밭 유택도 떠나셨다
대구집에서 상수 세 해 넘기신
애국지사 장인 따라 대전현충원 가셨으니
아무도 살지 않는 고택은 영영

버림받을 수밖에 없을 것 같다

이따금 낯선 새들이 날아들어 지저귀고
한때의 그리운 추억들마저
다가오다 차츰 멀어지다가 한다

선잠 속 두 자락의 꿈

블레드*에서 스플리트**로 가는 버스에서
일곱 시간 동안 선잠에 두 자락의 꿈을 꿨다
이방인이라 그랬던 걸까
발칸반도에서지만 우리나라 무대의 꿈이었다
한 자락에는 천상병 시인이, 다른 한 자락엔
고승高僧이 주역들이었다

빈 들판에서 막걸리를 마시던 천상병 시인은
한 잔 가득 채워 권하며 소풍엔 술과 담배가
가장 즐겁게 한다고 했다
함께 소풍을 즐기는 사이 술, 담배가 떨어져
마을로 달려가 막걸리 두 통과 담배 한 갑을
사 드리고 헤어지려는데
꿈 깨니 버스는 빈 들판 길을 달리고 있었다
한참 차장 밖을 바라보다가 다시 꿈속이었다
주장자를 짚고 걸어가던
서암 스님이 자기를 만나러 왔느냐고 물었다
그렇다고 하자 왔던 길로 되돌아가라고 했다

나도 그냥 나들이 중이니
너도 그냥 그렇게 나들이를 하라는 것이었다
그 뒷모습을 우두커니 바라보다가 꿈을 깼다
'소 타고 소를 찾는구나'
태능太能의 임종게가 어렴풋이 스쳐 지나갔다
버스는 빈 들판 사잇길을 달리고 있었다

*슬로베니아의 고도
**크로아티아의 고도

나는 나와 논다

나는 요즘 나와 더불어 논다
잘 안 보이면 만날 때까지 찾아서 논다
언제나 내가 홀로 오지는 않는다
앞뜰의 작은 새들과 더불어 오고
새들이 지저귀는 나무들도 데리고 온다
나는 나무와 놀고 새와 논다

황혼 무렵에 술 생각이 나면
홀로 술잔을 기울일 때도 없지 않지만
술상을 떠났던 지기 몇몇이 오고
이태백이 달을 따서 오기도 한다
아득히 가버린 지난날들이 되돌아와서
술잔을 연신 기울이게 한다

그런 기억들과 한참 놀다가
가려 하면 가는 대로 놓아주기도 한다
홀로 왔다 홀로 가야 하는 길에
생각의 고삐 느슨하게 풀어놓고

둥근 달에 구름 가듯 가는 듯 마는 듯
나는 요즘 나와 더불어 논다

시집 해설 요약

실존, 현실, 초월, 관조

시집 해설 요약

실존, 현실, 초월, 관조

꿈은 시를 낳고, 시는 초월을 꿈꾼다 — 이구락(시인)

—시집 『내가 나에게』

최근 부쩍 활발해진 시작 활동은 아마 평생의 직장이었던 신문사에서 퇴임한 이후가 아닐까 짐작된다. 다시 말하자면, 인간 이태수의 삶이 시인 이태수의 삶으로 바뀌어, 완벽한 전업 시인이 되고, 그의 일상은 시가 삶에 선행하는 경지에 이르렀다는 뜻이다. 이태수 시인은 이제 온몸이 시라서, 우리 시대 가장 행복한 시인의 한 사람이 된 것이다.

그는 등단 초기부터 지금까지 한결같이 서정을 끌어안고 초월을 꿈꾸고 있다. 시인 스스로도 "삶은 더 나은 세계를 향한 꿈꾸기이며, 시는 그 기록들"(제14시집 『거울이 나를 본다』의 '시인의 말')이라고 말하고 있다. 이 한결같은 걸음은 현실에 부대끼면서도 변하지 않는 순수한 인간 정신의 불멸성을 지켜나가고 있다.

그 인간 정신이란 결국 뒤틀린 현실에 발을 딛고 살면서도 초월에의 의지와 더 나은 세계에 대한 꿈꾸기를 포기할 수 없는 비극적 자기 인식이다.

물과 별로 비유되는 실존적 방황과 초월적 명상은 이 시집의 뚜렷한 상징체계다. '물'의 속성은 '내려가기'다. 그러므로 「물, 또는 내려가기」)에서의 하강 이미지는 철학적으로는 상선약수上善若水의 자세다. '내려가기의 꿈'은 비극적 삶을 뛰어넘어 순결하고 명징한 세계에 가 닿으려는 아름다운 꿈이다. 이 같은 발상은 두 번째 시(「별, 또는 올라가기」) '별'(초월)을 향한 꿈의 좌절에 기인한 반작용이기도 하다.

물과 달리 별은 "날이 저물어 어두워지면" 비로소 나타나는 존재이고, "아무리 안간힘을 다해 봐도 / 마음만 혼자 올라가"는 한계를 보인다. 그래서 화자는 "눈을 감고서야" 비로소 "별빛 따라 사닥다리를 놓고" 별까지 "올라가 보려 꿈을 꿉니다"라고 속마음을 털어놓는다.

이데아를 찾아 나서는 꿈꾸기는 이제 그에게는 숙명이 되어 버렸다. "꿈속에서도 그 바깥에서도 / 만나자마자 헤어져야 하는 / 그런 사이"인 '그와 나 사이'(「그와 나 사이」)에서도 '그'는 신과 나 사이에 존재하는 이데아다. 시인에게 이것은 역설적이지만 시마詩魔에 빠져 사는 행복한 경지이기도 하다.

「옛 우물」에서의 옛 우물은 화자가 간절히 그리워하는 내면적이고 본질적인 자아다. "옛날 두레박으로 길어 마시던 물맛"에 대한 그리움 때문에 지금 내가 자주 "들여다보"게 되고, 내가 들여다보는 현재 시제와 두레박질하던 과거가 오버랩되면서, 과거와 현재의 시간성이 자꾸 포개지는 의식의 혼동 상태를 야기한다. 시인의 현재의 심리 상태를 이렇게 제시하며 출발하는 이번 시집에는 그의 꿈꾸기와 초월에의 의지가 좀 더 선명해졌다. 그 열정이 빚어낸 실존적 방황과 초월적 명상의 프리즘도 다양해지고 현란해졌다. 추억 속의 "물맛이 괸 물을 흔들어 깨우기" 때문에 물은 재생의 상징으로 우뚝 올라선다.

이태수의 시를 따라가다 보면 문득문득 문청 시절 빠져들었던 러시아 문학의 주인공들의 목소리가 들려온다. 대학에서 철학을 전공한 그의 시는 페테르부르크의 그 유명한 네바강의 황혼을 바라보는 러시아 근대 문학가의 눈길을 닮아가는 듯 그윽한 명상과 사색의 색조가 짙어져가고 있다.

「눈이 내릴 때」는 나와 샤갈과 슈베르트의 꿈이 한데 엉켜 펑펑 내리는 눈송이와 함께 비의적秘義的인 분위기를 연출하고 있다. 샤갈의 꿈에 시인의 꿈을 다져넣고 있는 모스크바 참새 언덕 자작나무 숲에 눈이 내린다. 내리는 눈송이와 달리 시인은 두 발이 공중으로 붕 떠오른다. 그 하강과 상승의 빈 공간에 슈베르트의 '보리수'가 배경음악으로 가득 차오른다. "천사들과 바이올린이 날아다니"는 눈 내리는 숲은 포근하고, 샤갈의 그림처럼 몽환적이다.

그런데도 서정적 자아는 "몇 해 전 모스크바에서"처럼, 눈이 귀한 한반도의 남쪽 대구에서 지금 펑펑 내리는 눈송이를 보며 기시감과 미시감 사이에서 "덧없는 떠돎"에 빠져 있다. 이 그윽한 명상으로 인해 그의 목소리는 들뜨지 않고, 한없이 포근한 감정에 휩싸여 있다.

'부재'라는 관념어는 이태수 시의 키워드 중 하나다. 「다시 부재不在」에서는 대낮보다 사물을 더 섬세하게 인식할 수 있는 박명에 '그'가 찾아온다. 하지만 만나주지는 않고, 알 듯 모를 듯 다시 멀어진다. 이태수의 시가 그토록 가닿고 싶어 하고 꿈꾸어오던 '그'는 신과 인간의 중간지점에 자리잡으면서도 초월에 다다른 존재이다. "내가 기다리던 나"는 '부재'의 상태이기 때문에 비극적이며 철학적이다.

'나를 들여다보기'란 곧 '내 마음 들여다보기'이니, 아타락시아 또는 정념正念의 상태를 꿈꾸며, 그곳에 물이 고이고 별이 떠오르도록 기다려야 한다. "내가 나를 부르는 소리"에 집중하다 보면, 그 끝에 이런 무심의 경지가 있다.

"마음을 닫으려 해도 열리거나 / 열려 해도 닫혀 버리기"(「유리문」)에, 그 고통스러움을 극복한 아타락시아 또는 정념正念의 상태에서 마음의 결을 빚어내는 천의무봉의 장인정신이 아름답다. 상선약수의 겸허함과 천의무봉의 꿈꾸기는 기실 시인이 갖추어야 할 덕목이며 이상이지 않던가. 두보보다는 이태백에 가까운 시인 이태수의 소탈한 진면목을 보게 되어 행복하다.

이태수 시인은 슬럼프를 모르는 근면성과 아직도 술과 담배가 별로 줄지 않은 타고난 통뼈 체력을 지녔고, 늘 단정한 정장 차림의 기품 있는 신사다. 그런 그의 내면에 인간적인 자기연민의 고통과 불안과 우울이 웅크린 속내를 감추고 있다. 그러나 중요한 것은 '불빛'이다. 프로이트의 방어기제로 보면, 이태수에게서 시는 '전위displacement'인 동시에 '승화sublimation'의 방어기제인 것이다.

「구두」에서 그리고 있듯, 살아가면서 "온몸으로 균형을 유지"하고, "마음으로 중심을 잡고 있"다고 믿었는데, "구두를 벗어 들여다보며" 한쪽으로 더 닳은 모습을 발견하고는 민망해 하고 있지만, "구두는 염치를 가르쳐주는 / 자성의 거울"이었다는 걸 배운다. 이런 훈훈한 내용 속에서도 팔자걸음인 "순전히 내 탓입니다"라고 자책하는 걸 잊지 않고 있다. '자기연민 또는 불안과 우울'은 여전히 현재진행형이며, 더욱 진화해 나갈 것이다.

지난해 나온 『거울이 나를 본다』에서부터 조금씩 눈에 띄기 시작하던 일상생활이나 정치·사회적 시대 상황에 눈길을 주던 시가 이번 시집에 부쩍 늘어났다. 시인의 근황은 "아무래도 세상이 거꾸로 가는 것 같아" 혼자라도 "다시 마음 다잡기" 위해 "누웠다가 앉았다가 섰다가", "자다가 깨다가 꿈꾸다 말다가" 하며 며칠째 칩거 중이다. 언젠가 임계점에 다다라 화산처럼 폭발하거나 용암처럼 흘러내리면 저항시로 변해나가겠지만 아직은 칩거할 뿐이다.

이조년의 「다정가」와 이직의 「까마귀 검다 하고」는 국민 애송시다. 이태수 시인은 성주이씨로서 자랑스런 두 선조의 시조를 풀어놓고, 요즘 세상 돌아가는 모습에 비분강개하며 "새삼 가슴 치"고 있다.

이태수 시인의 시를 두고 '포멀리즘formalism'을 언급하지 않을 수 없다. 시인이 직접 언급한 "구문의 형식은 음악에서 따오거나 대칭구조 등 회화(시각)적 효과를 예외 없이 끌어들이려고" 힘썼다는 점을 밝히고 있다. 순수하고 장난기 많은 아이 같은 시인의 마음이 빚어낸 시심과 작이 몸에 밴 프로의식이 빚어낸 시작 습관일 것이며, 심리적 자기방어 기제가 작용하가 때문인 것 같다. 그의 시는 자주 포멀리즘의 한 형태로 시행의 시각적 배행법을 보인다. 읽는 재미가 아니라 시각적으로 보는 재미를 노렸다고 볼 수 있다.

「달맞이꽃」의 간절한 기다림과 그리움의 감정이 1연 1행의 구조 속에서도 가지런하여 더욱 호소력이 강화되며 애틋해지게 만든다. 형식과 내용이 잘 어울리는 아름다운 시가 되었다. 한편 「팽나무 있는 풍경」은 행 길이를 대칭으로 맞추면서도 '3-2-3-2-3' 형식을 취해 또 다른 시각적 형태미를 돋보이게 한다. 시인도 이런 여러 가지를 염두에 두고 썼을 것 같다.

이태수 시인은 초기의 실존적 방황 또는 낭만적 우울 속에서 비속한 현실을 벗어나려는 '날아오르기의 꿈'과 더 나은 세계로 나아가려는 '길 찾기'를 거쳐, 1980년대 중반부터는 '내려가기의 꿈'으로 바꾸어 꾸며, 남루한 현실 어딘가에 순결하고 명징한 세계가 있을 것이라는 믿음을 키워왔다. 근래에 와선 꿈꾸는 자신을 객관화시켜 들여다보며 '뒤집어 꾸는 꿈'으로 시세계의 폭과 깊이를 넓혀가고 있다.

그는 왜 이토록 '꿈꾸기'에 몰입해 왔을까. 그의 시 쓰기는 늘 비극적 현실 인식의 바탕 위에서 이루어지기 때문이다. 뒤틀려 있는 현실과 틀에 박힌 일상 속에서 늘 흔들리고 닳아간다는 강박관념에 시달리며, 이 비극적인 삶을 뛰어넘으려는 '초극 의지'를 낮은 목소리로 꿈꾸듯 읊조리는 자아 성찰이 이태수 시의 본질이자 특징이다. 그러므로 그가 꾸는 꿈은 시를 낳고, 다시 시는 초월을 꿈꾼다. 어떤 빛깔로든 꿈을 꾼다는 사실은 즐거운 일이다. 신화 속의 시시포스처럼 돌을 굴려야 하더라도 그는 내일도 꿈을 꾸고, 시를 쓰게 될 것이다.

바라보기와 꿈꾸기, 적막한 평화의 수채화— 조창환(시인)

—시집 『유리창 이쪽』

이태수의 시세계는 그간 몇 번의 큰 변화를 보였지만 서정의 고삐를 늦추지 않았다는 점에서는 일관된 호흡을 유지하고 있다. 첫 시집 『그림자의 그늘』 이래 그의 시에 일관되게 흐르는 기조저음은 존재자의 실존적 방황과 영혼의 초월을 꿈꾸는 이상주의자의 자세라 할 수 있다.

이태수 시의 서정성은 때로는 현세적이고 때로는 내세적인 혼의 지향을 보여준다. 그의 시는 명상과 관조, 정화와 화해를 읊고 있지만 내면에는 깊은 고독과 고통의 흔적을 지니고 있다. 그의 시는 자아의 내적 성찰을 바탕으로 멀리 있는 다른 세상을 향한 꿈을 펼쳐 보이는 지성적 관조자의 모습을 띠고 있다. 초월에 대한 감수성은 현세적 욕망 저편에 자리잡은 신비로운 절대세계가 있음을 긍정하는 자세에서 우러난다. 그것은 현상적 존재자의 한계를 극복하려는 노력이며 자아와 세계의 조화로운 합일을 꿈꾸는 동양적 정관의 세계와 상통한다.

이번 시집 『유리창 이쪽』으로 그는 벌써 열여섯 번째 시집을 가지게 되었다. 대단한 정력가가 아닐 수 없다. 그 많은 시집들이 언어적 세련미나 메시지의 중량감에서 모두 탁월한 수준을 유지하기란 쉬운 일이 아닌데, 이 시인은 그걸 해내고 있다. 그 비결은 무엇일까. 아마도 인간 이태수로 살기보다 시인 이태수로 살기를 열망하는 문학적 치열성 때문일 것이다. 그리고 이 문학적 치열성을 떠받치는 힘은 불멸에 대한 욕망, 영원에 대한 갈증, 절대가치에 대한 염원 때문일 것이다.

그의 시에 등장하는 주된 "보다"는 "바라보다"이다. 이 어휘 속에는 무심하게, 담담하게, 편안하게 대상을 본다는 의미가 내포되어 있다. 동양적 정관의 자세, 평온한 관조의 자세를 지녔다. 시인이 서 있는 자리는 "유리창 이쪽"이다. 시인의 의식 안에는 유리창으로 분할되는 투명한 경계선이 항상 존재한다. 그 투명한 경계는 넘을 수 없는 벽이어서 절대적 지표인데, 동시에 투명하므로 안과 밖을 이어주는 역할을 하고 있다. 유리창 이쪽은 실존의 공간이며 생활과 생존의 공간이어서 현실적 주체의 터전이 된다. 유리창 저쪽은 초월의 공간이며 비현실의 공간이어서 주체가 꿈꾸는 이상의 세계다. 그것은 육체를 벗어난 영혼의 공간이며 현실을 넘어선 초현실의 공간이고 존재자의 현상적 한계를 극복할 초극의 공간이다.

시인은 유리창 너머를 동경하지만 유리창 이쪽의 현실에 충실하다. 거울 반영은 나르시시즘에 연결되고, 유리창 투시는 초월이나 꿈꾸기에 연결된다. 거울 반영에 집착하는 사람은 자아에 관심이 있고, 유리창 투시에 관심이 있는 사람은 자아로부터 벗어나기를 꿈꾼다. 이태수는 양쪽 모두에 관심이 있어 보인다. 시인은 자아의 내면을 응시하면서, 동시에 내면을 구속하는 상황으로부터 벗어나고 싶어 한다. 이런 강한 자의식은 이태수 시의 기저에 흐르는 정서적 색채를 결정한다. 유리창으로 상징되는 자의식의 한계에 발목이 잡혀 있으면서도 거기서 벗어나 비상하기를 꿈꾸는 욕망은 그의 시에 중첩된 두터움을 덧칠해준다.

무명無明의 길 걷기는 그의 시 도처에서 산견된다. 시인은 "바탕과 배경이 어둠인 별은 / 캄캄해질수록 영롱하게 빛나건만 / 나는 안팎이 어둠으로 가득하네"(「별과 나」) 라고 읊조린다. 별들의 배경은 어둠이지만 어둠이 짙을수록 별들은 더욱 영롱하고 찬연하게 빛난다. 반면 나는 안팎에 둘러싸인 어둠에 질식할 듯한 갑갑함을 느낄 따름이다. 별은 내게 보내줄 빛을 지니고 있지만 나는 거기 화답할 빛을 지니고 있지 못하기 때문이다.

이 비관적이고 암울한 현실관은 어디서 오는 것일까. 시인의 의식 속에는 평생토록 찾아 헤매던 자아의 참모습인 초월의 경지, 초극의 지점에 도달하지 못하였다는 생각이 차 있기 때문일 것이다. 초월의 경지를 꿈꾸지만 아직도 거기 도달하지 못하였다는 자각은 삶이 어둠이나 안개 속을 헤매는 것 같은 헛된 노동이라는 생각에 연결된다.

부재 의식은 이 시인의 시를 비극적으로 만드는 동인이 된다. 그의 '길 걷기'는 나를 찾아 나서는 걸음걸이이며, 현상적 '나'가 참'나'를 만나지 못해 애태우는 헛된 노동이다. 그것은 "내가 나를 찾아다니다가 나를 내가 잃어버"린 상태이며, 내가 나를 끌고 다녔는지 내가 나에게 끌려 다녔는지 분간이 안 되는 모호한 상태이다. 이러한 태도에서 우리는 그의 시에서 형이상학적 사색의 중후감을 느끼게 된다.

이 시인에게 있어 삶이란 "잠깐 꾸는 꿈"(「잠깐 꾸는 꿈같이」) 같은 것, 희미한 박명의 빛 속으로 보이는 그림자나 그늘 같은 것이어서 자아의 부재가 절대적 허무에 대한 인식으로 이어지거나 절망적 좌절로 이어지지는 않는다. 다만 어둠과 안개와 그늘에 둘러싸인 자아라는 존재를 바라본다. 바라보면서 절대적 존재나 영롱한 황홀에 대한 꿈꾸기를 계속할 따름이다.

그는 "안개를 헤치며", "악몽을 떨치면서" 어둠[無明]의 길을 간다. "가다"라는 동사 또한 "보다"라는 동사와 함께 그의 시 도처에서 산견된다. 이 '간다'는 행위들의 공통점은 특정한 목적지를 향한 적극적 움직임이 아니라는 점이다. 현실과 환상, 실재와 허구, 꿈과 현실이 안개 속처럼 희미하게 뒤섞여 있는 상황 속에 위치한 시인은, 그러나 그 상황에 순응하거나 굴복하지 않는다. 적극적으로 투쟁하지는 않지만, 결코 포기하지 않는 태도가 이 '길 걷기'의 특징이다.

시인의 시선은 항상 자신의 내면을 향하고 있으므로 고독하고 고요하다. 한 걸음 더 나아가면 시인의 시선은 고요를 넘어 적막을 지향한다. 그가 지향하는 적막은 기억의 저편에서 아련한 그리움으로 다가오는 회상의 모습이기도 하고, 현상적 자아의 깊은 속에 감추어진 내밀한 알갱이이기도 하다.

시인이 느끼는 적막은 아득한 평화, 안온한 휴식을 제공하는 기억의 공간이다. 그가 적막을 특별히 좋아하는 것은 시 속에 간

혹 등장하는 '적멸보궁'이라는 단어가 환기하는 정서적 분위기에서도 느낄 수 있다. 그윽하고 깊고 유현한 적멸보궁을 대하면서 시인은 적요寂寥의 정적미를 체험한다. 이 동양적이고 고전적인 아름다움의 감정은 그의 시에 명상적인 분위기를 덧입혀준다. 이러한 심리 상태는 그의 시에서 담담하고 은은하며 안온한 분위기의 수채화를 연상시키는 평화의 감정을 느끼게 한다.

이태수의 시간관은 막연하거나 모호하고, 입체적이면서 포괄적이다. 그는 시간 속에서 회상되는 과거의 기억들을 평온한 심정으로 받아들인다. 그는 자신의 내면에 남겨진 갈등과 고독과 동경의 기억을 다독거리고 끌어안고 사랑한다. 담담하고 담박한 수채화 같은 풍경화가 시인 이태수의 내면 모습이다. 그는 자신의 내면에 자리잡은 사색과 명상의 흔적을 진솔한 언어로 형상화하는 순정한 서정시인이다. 외로움이나 그리움이나 괴로움도 그를 흔들지 못한다.

시인은 그러한 감정들을 갈등이나 투쟁이나 좌절이나 흥분으로 대하지 않는다. 애틋하고 아련하게 쓰다듬고 다독거려서 맑게 길들인다. 이 잔잔하고 평화롭고 깨끗한 심리상태를 그는 "잠깐 꾸는 꿈" 같다고 말한다. 그 잠깐 동안의 몽롱한 체험을 그리워하면서 시인은 시를 쓰고 자신의 내면을 정화시킨다.

시인을 에워싸고 있는 허무와 암흑의 세계 인식은 실존적 비극이지만, 그는 이 실존적 비극을 극복할 통로를 마련하고 있다.

그 첫 번째는 인간적 연대감이며, 두 번째는 별을 향한 고독한 꿈꾸기의 자세다. 시인은 "꿈속의 별나라, 끌어안을수록 / 더욱 따스해지는"(「사랑나라, 별나라」)이라는 표현에서 암시하는 바처럼 별을 향한 사랑과 그리움을 지니고 살고 있다. 그는 또한 별을 "신비와 경이의 / 상징"(「별에 대한 몽상」)이라고 직설적으로 고백하기도 한다. 이 첫 번째 통로가 사회적이고 외향적인 것이라면, 두 번째 통로는 명상적이고 내향적인 것이라 할 수 있다.

이태수 시의 주된 서정성은 명상과 사색, 관조와 성찰 쪽에 기울어져 있다. 이태수는 고독한 단독자의 시선으로 그를 둘러싸고 있는 어둠과 허무를 바라보며, 동시에 거기서 벗어나 어둠 속에 빛나는 별에 다가가기를 갈망한다. 그는 "나는 내 안에서 쉰다 /……/ 그 신비의 품에 깊숙이 든다"(「고도孤島—또는 고독」)라고 말한다. 그의 고독은 '외로운 섬 / 고도孤島'에 갇혀 있는 존재가 느끼는 호젓함이다. 그는 고독 때문에 절망하거나 고독 때문에 방황하지 않는다. 오히려 고독 때문에 휴식과 평정과 안온한 너그러움을 느낄 수 있다. 그는 "어떤 크고 부드러운 손이 / 내 어깨를 토닥이더니 그러안는다"라고 말한다. 고독 속에서 신을 느끼는 태도이다.

그의 시는 천상적 세계에 대한 동경을 지향하지만 이를 직설적으로 드러내지는 않는다. 그의 인격적 바탕을 형성하는 종교적 가치관이나 초월적 명상은 특정 종교에서 가르치는 교조적인 도

그마에 얽매어 있거나, 이를 전파하려고 하지는 않는다. 그는 단지 꿈꿀 따름이다. 진지하고 깊은 고요 속에서 만나는 신성성의 체험이야말로 인간이 지상에서 겪을 수 있는 천상적 감정이다.

이런 천상적 감정을 실감하는 순간은 은총이며 축복의 순간이다. 시인은 하늘에서 내리는 흰 눈을 보면서 "꿈결이듯 아니듯 그대 오고 / 축복같이 은총과도 같이 / 눈이 내리네"(「눈이 내리네」)라고 읊는다. 천상적 신성성을 갈망하는 시선으로 바라보면 지상의 평범한 일상적 현상도 신적인 은총이며 신적인 사건임을 깨달을 수 있다.

그의 많은 시편들 가운데서 별에 관한 몽상, 별에 관한 그리움, 별을 향한 향수를 찾아볼 수 있는 것은 지상의 육체가 천상의 영혼을 꿈꾸기 때문이다. 그가 꿈꾸는 천상계는, 그러나 문자 그대로의 기독교적 천국을 뜻하는 것은 아니다. 우주적 질서, 우주적 신비, 우주적 합일을 지향하는 넓은 개념의 천상계다.

시인은 우주와 내가 이분법적으로 분리할 수 없는 융합체라는 것을 설파한다. 내가 숨을 들이쉬면 바깥이 내 안으로 숨을 내쉬고, 내가 숨을 내쉬면 바깥이 나를 들이쉬는 관계, 이 융합된 들숨 날숨의 관계는 마치 회전문과도 같다. 늘 열려 있기도 하고 늘 닫혀 있기도 한 회전문, 안이면서 밖이고 밖이면서 안인 관계, 이 둘이면서 하나인 관계가 우주와 나의 관계라는 것이다.

그는 "오늘도 너와 나는 함께, 그러나 따로 / 꿈밖에서 꿈길을 더듬어 나서보지만 // 불이의 바깥길, 헤매고 맴도는 것을"(「불이不二의 바깥길」)이라고 읊은 바 있다. 그는 너와 나는 꿈속과 꿈밖처럼 절대적 분리 상태에 놓여있어 결코 융합되거나 일체화되지 못하리라는 것은 알면서도 하나가 되기를 갈망한다.

시인은 자아와 세계의 대립적 분별을 지양하고 동양적 합일을 지향한다. 바라보기에서 꿈꾸기에 이르는 과정을 통하여 현상적 초월에 다다르는 길, 그 길 위에서 시인은 속절없이 애태우고, 하염없이 헤매고, 언제나 겉돌아왔음을 깨닫는다. 지성적 관조자의 모습을 지닌 이 시인이 우주적 신성성에 가까이 다가가려는 자세는 이토록 진지하고 성실하다. 수행자나 구도자의 자세가 아니라 담담하고 담박한 응시자의 시선으로 자신의 내면을 형상화하는 이태수 시의 진정성이 귀하고 가치 있는 까닭이 여기에 있다.

삶의 지평에 펼쳐진 꿈의 현상학— 이진엽(시인, 문학평론가)

—시집 『꿈꾸는 나라로』

시력詩歷 47년이라는 내공을 다져온 이태수 시인의 시세계는 의식의 지향성을 깊은 울림으로, 명징한 서정적 언어로 천착하고 있다. 특히 최근에 이르러서는 해마다 한 권의 시집을 상재해 왕성한 필력과 창작열을 놀랍게 보여주기도 한다. 이번에 출간된 시집에 나타난 시적 지향점을 하나의 선線으로 나타내 본다면, '실존', '현실', '초월(꿈)'이라는 세 꼭짓점을 유기적으로 연결하는 실선으로 그려질 수 있다.

그의 시에서는 실존 의식이 내면에서 울려오는 근원적 자아의 부름에 응답하면서 깊은 사유와 함께 진솔한 언어로 드러난다. 기쁨과 슬픔, 빛과 어둠, 로고스와 파토스가 교차하는 현실을 예리하게 통찰하면서 그 심층을 파헤쳐 시화詩化하고 있다. 한편 시인은 시를 통해 지속적으로 비상과 초월 의지를 꿈꾸고 있다. 이 꿈은 수직·하강 작용을 통해 역동적으로 드러난다. 그는 이번 시집에서 이 세 개의 축을 팽팽하게 밀거나 당기면서 더욱 울림이 큰 서정의 세계를 펼쳐 보인다.

이태수 시인은 선善의 페르소나로 위장된 거짓된 자아의 세계에서 벗어나 은폐된 본질적 자아를 부단히 되찾기를 갈망한다. 세속과 통속성에 매몰된 일상적 자아가 아니라, 본래적 자아를 찾기 위한 시인의 자유의지가 여러 시편에서 맹렬히 타오르고 있다. 이 뜨거운 연소야말로 자아의 순수함을 회복하기 위한 열정이자 깨어 있는 현존재dasein로서의 몸짓으로 여겨진다.

시인은 '나'라는 두 자아 사이에서 참된 자아를 만나기 위해 목말라하며, 훼손되지 않은, 온전한 자아와 만나기를 꿈꾼다. 비록 은폐된 본연의 자아는 쉽게 찾을 수 없지만, 시인은 항상 실존의 심층에서 울려오는 내면의 목소리에 귀를 기울인다. 그 목소리는 다름 아닌 무의식 깊이 내재된 또 다른 '나'의 부름이다. 내면의 부름과 응답을 통해 '나'와 대상, 자아와 세계 사이를 끝없이 의식의 지향성으로 연결함으로써 현상학적 유의미한 관계를 이룬다.

시인은 말보다는 침묵과 고요를 통해 자아의 깊은 곳으로 내려가고 있다. 이 같은 강렬한 의지는 참된 자아실현을 위한 깨어있는 몸짓이자 주체적 결단이다. 말보다는 침묵에 온 마음을 기울이는 것은 구밀복검의 쓰디쓴 세상인심이 횡행하는 현실에서 말이 주는 상처와 위선으로부터 자신의 영혼과 순수를 잃지 않으려는 의도로 보인다.

이태수 시인의 또 다른 현실 바라보기는 '존재론적 방황'의 모습으로 나타나기도 한다. 시인의 방황은 세인들의 위선과 인간적 배신 등에서 빚어진 절망감과 상처에서 온 것이다. 이 아린 상처로 인해 시인은 불면으로 밤을 지새울 정도로 괴로워하거나 분노에 사로잡히기도 한다. 하지만 그 수모와 상처를 준 자들에 대해 즉각적인 대응이나 분노를 표출하지는 않는다. 십자가의 희생제의犧牲祭儀처럼 절대자 앞에 개인적 양심을 번제물로 바쳐 연소시키면서 시련을 초극하고자 하는 시인의 태도가 깊은 감명으로 다가온다.

시인은 자신이 몸담은 현실과 지역 문단의 풍향에 대해서도 시니컬한 태도를 보이기도 한다. 그는 "도무지 세상은 어디로 가는지 / 멈추지 않고 가고 있어 / 낭패 볼 게 불을 보는 듯한데 / 세상만 바뀌면 된다고 / 자기네 세상이면 그뿐이라고"(「걱정」),

"때가 왔다고 나부대지 마라 / 때가 지나면 남는 게 무엇일는지 / 세상사 인생사도 새옹지마"(「오만에 대해」)라고 하며 날카로운 비판을 가하기도 한다. 하지만 현실적 문제에 대한 시인의 궁극적 태도는 참고 기다리며, 수모와 상처를 준 사람들까지 포용하려고 한다.

꿈을 모티프로 하는 현실 초월 의지는 지금까지 이태수 시인이 상재한 시집들에서 지속적으로 목도되는 시세계의 중요한 축이다. 이 시집에서도 『꿈꾸는 나라로』라는 표제가 암시하듯이 초월 의지는 돌올한 빛깔로 여기저기 나타나고 있다. 시인은 자기 내면에서 부르는 본질적 자아의 목소리에 응답하며 초월을 갈망한다. 그 초월은 궁극적으로는 참된 자아를 되찾고 자기 동일성을 회복하려는 실존의 의식 활동을 뜻한다. 삭막한 현대 사회에서 모든 것이 물화物化된 즉자처럼 생명을 잃어갈 때, 시인은 대자적 존재로서의 자유의지를 실현하면서 실존적 한계상황을 초극해 가고 싶은 것이다.

그런데 이 초월 의지가 그의 시에서는 항상 자연 심상과 더불어 구현되고 있다는 점에 주목된다. 자연은 인간의 인위적 힘이 가해지기 전의 순수한 원형적 세계이다. 욕망과 이해타산으로 오염된 현실에서 내면의 상처가 깊어갈수록 시인은 이 자연으로 의식을 지향하여 생의 열락悅樂과 안식을 되찾고자 한다.

시인이 자연을 통해 느끼는 태도는 기쁨과 아늑함, 그리고 낮설지 않은 정감이다. 자연을 매개로 하는 시인의 현실 초극 의지는 '꿈'을 통한 존재 전환의 몸짓으로 더욱 인상 깊게 나타나고 있다. 시인이 문명의 때가 묻지 않은 원시의 자연으로 들어서는 순간, "찰나와 영원이 하나 같"고 "지나간 시간도 다가오는 시간도 / 함께 어우러져 있는 것만 같"(「풀잎 하나」)은 생각에 빠져든다.

자연은 인간의 이해타산으로 분절된 세계가 아니라 '찰나'와 '영원', 과거와 현재와 미래가 미분화된 상태를 보이는 융합된 세계이다. 이 세계는 기만도 위선도, 탐욕도 단절도, 삶의 낯섦도 없는 곳이다. 이 원융圓融의 세계에서 시인은 지금까지 현실에서 상처받고 훼손된 자아에서 벗어나 "울창한 나무 그늘에서 흔들리는" 아주 '조그만 풀잎 하나'가 되기를 소망한다.

그 바람은 "꿈꾸다 꿈속에 든 풀잎 하나"에서 느껴지듯이 '꿈'을 통해 자신의 존재를 '풀잎'으로 전환한다. 이 존재 전환의 몸짓은 인간과 자연의 완전한 동화를 꿈꾸는 것과 다르지 않다. 이 동화의 꿈을 통해 시인은 욕망과 상처로 얼룩진 현세의 어두운 그늘에서 벗어나 자연이 주는 내적 평화를 누리고자 한다.

꿈을 매개로 하는 이러한 초월 의지에 대해 이태수 시인은 특히 이전부터 상승과 하강 구조를 즐겨 이용하면서 절묘한 대비 효과를 나타내고 있다. 꿈과 결부된 시인의 초월 의지는 자연 심상의 매개체를 통해 상승작용으로 나타나고 있다. 「라 팔로마」는 연가풍의 노랫말은 시인을 통해 현실 초월의 꿈을 담은 시로 다시 새롭게 탄생하게 되었다. 시인은 상처와 우울함으로 가득 찬 황량한 현실에서 벗어나 "천사와 같은 비둘기의 은빛 날개"에 실려 '꿈꾸는 나라'로 비상하고 싶은 소망을 반복적으로 되뇌고 있다. 특히 '함께'라는 부사가 암시해주는 것에 주목된다.

한편, 「무장산鍪藏山 계곡」은 '물'이라는 자연 심상을 통해 시인의 꿈이 하강작용으로 나타나고 있다. 상선약수上善若水라는 노자의 말대로 물은 아래로 내려갈 때 그 본연의 도道를 드러낸다. 시인은 무장산 계곡을 내려오면서 "그윽하게 마음이 맑아지려면 비우고 / 내려야겠다는 생각"을 하며, 현실 초월은 상승만이 아니라 비움空과 내려옴降을 통해서도 구현될 수 있음을 깨닫게 해준다.

이 같은 꿈의 상승과 하강작용은 그의 다른 시, "꿈결 같은 물소리, / 나도 지그시 눈 감고 따라간다 / 반눈을 뜨고 마음 가라앉히고 있으면 // 시름들이 물소리에 떠 있다"(「물, 물소리」), "나는 때때로 / 물이 되고, 새가 되고 싶다 / 때때로 나는 / 나무가 되고, 바위가 되고 싶다"(「나는 때때로」), "그는 이 산중 암자에서 / 얼마간 수행하고 하산하는 것일까 / 어떻게 비우고 내려놓은 뒤 얼마나 채워서"(「수묵화 속으로」) 등에서도 잘 드러나 있다.

꿈을 모티프로 한 시인의 초월 의지는 마침내 극대화되면서 큰 반향을 불러일으키게 한다. 2행 6연으로 구성된 「한결같이」는 각 행과 연의 배열, 낱말 배치에 있어서 시인의 치밀한 전략이 돋

보인다. 각 연과 행이 반사적 대칭 구조를 보이면서 리드미컬한 음률로 읽혀져 시의 내용을 한결 감동적으로 전달받게 한다. 그는 "마음 어둡고 무거워지"거나 "외롭고 슬프고 / 괴로워"질 때, 아니면 "세상이 거꾸로 돌아가" 우울해질 때면 '꿈꾸는 나라로' 가자고 반복적으로 토로하고 있다.

시인이 현실 초월을 꿈꾼다는 것은 시의 언어로 발화된 현재몽現在夢 속에 시인이 진정으로 꿈꾸는 것이 잠재몽潛在夢으로 자리 잡고 있다는 뜻이다. 이 잠재몽이 상징하는 것을 분석해 보면 시인이 얼마나 현실에서 실존적 아픔과 고독을 느꼈으며, 얼마나 간절하고 집요하게 '꿈꾸는 나라'로 가고 싶은 소망을 품고 있었는가를 알 수 있다. 이 미지의 세계는 시인의 마음 깊이 내재된 고요하고 평화로운 영혼의 처소이다. 그러므로 시인이 초월의 꿈을 꾼다는 것은 결국 내면에 은폐된 순수한 자아를 회복하려는 강렬한 의지를 나타낸다.

이태수 시인의 이 열일곱 번째 시집은 반세기에 가까운 시력이 말해 주듯이, 깊은 사유와 울림으로 충전된 삶의 철학을 명징하게 구현하고 있다. 우울한 실존의 한계상황 속에서도 아프게 음각된 영혼의 상처를 외롭게 어루만지며, 시인은 꿈을 통한 초월 의지를 결코 포기하지 않는다.

때로는 상실감과 단절감으로, 때로는 삭막한 현실의 부조리에 그의 실존은 높낮은 파동으로 흔들리기도 하지만, 싱그러운 자연과 부단히 숨결을 나누면서 훼손된 자아의 동일성을 회복하려는 끈질긴 노력을 멈추지 않는다. 이 혼신의 몸짓이야말로 낯선 생의 지평에서 모든 번민과 고뇌를 판단중지해 내면의 괄호 안에 넣은 다음, 삶을 새롭게 투사하고 껴안아 보려는 꿈의 현상학임이 분명하다.

존재의 부름, 영혼의 응답— 이진엽(시인, 문학평론가)

— 시집 『담박하게 정갈하게』

이태수 시인이 시의 공력功力을 쏟아부으며 새롭게 펴내는 이 열여덟 번째 시집에는 시대와 세인들로부터 받은 상처를 시인 스스로 꿰매며 치유하는 삶의 철학이 자리매김하고 있다. 실존, 현실, 초월이라는 삼각 범주가 중요한 주춧돌로 작용하고 있지만, 그 세 꼭짓점이 연결되는 선 안에 종차種差를 보이는 또 다른 삼각 구조들이 파생되고 있어, 마치 프랙탈 구조처럼 좀 더 다채로운 의미의 문양紋樣들이 펼쳐지고 있다.

'길-흐름-비움', '상처-자연-꿈', '지상적 그리움-영적 그리움-구원'이라는 의미망意味網들이 전체 구조 속에 부분을 이루며 얽혀 있다. 특히 그의 실존적 고뇌와 아픔들이 이 시집에서는 꿈을 매개로 한 초월 의지를 넘어서서, '신앙'과 관련된 존재론적 구원 의지로 승화되고 있다. 이런 시적 변모는 삶과 죽음에 대한 근원적 사유와 영혼의 본향을 갈망하는 시인의 깊은 성찰에서 우러나오는 것으로 보인다.

이 시집에서는 '길'을 모티프로 한 시편들이 먼저 인상 깊게 다가온다. 길은 외연적으로 인생의 여정과 관계되지만, 내포적으로는 일상적 자아에서 일탈해 본래적 자아를 회복하기 위한 존재론적 몸짓과도 밀접한 관련을 맺고 있다. 이 길을 걸어가면서 시인은 자아의 근원에 천착하며, 잠에서 깨어난 영혼, 즉 프시케Psyche의 목소리를 듣거나 영원한 일자一者와 내적 대화를 나누기도 한다. 그러므로 그의 길은 단순한 물리적 노정이 아니라 삶과 존재를 성찰하게 하는 본질적, 영성적 가치를 내포하고 있다.

시인은 길을 걸어가면서도 "왜 이 길로 가고 있지"(「길과 나 1」)라며 자신의 방향에 대해 의문을 제기한다. 이 의문은 낯선 세계에 방기放棄된 실존의 처소에 대한 물음과 다르지 않다. 실존이 던져진 이 길 위에서 인간은 삶의 기쁨을 느낄 때도 있지만 깊은 상처를 경험하기도 한다. 이 상처에 대해 시인은 "괴질보다 사람이 더 무서워서 / 사람들 속에서 사람이 그리워도 / 사람을 만날까 저어하며 걷습니다"(「길과 나 2」)라고 토로하고 있다.

아픔과 불안, 방황과 좌절이 공존하는 이 실존적 상황에서 시인은 자신이 걸어가는 길을 통해 존재의 모순과 부조리를 강하게 느낀다. 이 삶의 부조리는 시인이 "가려고 하는 곳이 분명히 있더라도 / 가다가 안 가고 싶을 때가 있"고, "가고 싶지 않은 곳이었는데 불현듯 / 나도 몰래 가고 있을 때도 있다”(「길과 나 1」)고 피력하는 데서 여실히 드러난다.

'나'와 세계 사이의 이 뒤틀림은 시인으로서도 어쩔 수 없는, 인간에게 주어진 운명적이고 근원적인 불합리이다. 이 정황 속에서 시인은 “길이 나를 부르면 가야 하지만 / 불러 주지 않으면 못 가는 것일까”(같은 시)라고 되뇌면서 '나'와 세계 사이에서 야기되는 관계를 성찰한다. 그리고 그 존재론적 모순을 해결하는 것은 길의 부름에 응답해야 하는 것임을 통찰한다. 길의 부름은 결국 '나'의 내면에서 들려오는 심혼心魂의 목소리와 다르지 않다.

또한 그 길은 삶의 고통과 부조리에서 벗어나기 위한 통로가 되므로 시인이 평소부터 “간절히 꿈꾸던 길”(「길과 나 3」)이다. 이처럼 길의 부름에 귀를 기울이고 응답하면서 삶의 방향을 가늠해 보는 것이야말로 본연의 자아로 회귀하려는 실존적 기투企投 행위다. 이같이 길을 모티프로 하는 삶에 대한 성찰은 존재의 '흐름'이라는 의미로 자연스럽게 이어진다.

「나도 간다 2」에서는 강물에 떠내려가는 “조각배 하나”와 허공에 흘러가는 “구름 몇 점”, 함께 어디론가 흘러가는 '나'를 통해 시인은 존재의 간단없는 유전流轉과 무상감을 드러내 보인다. 강물이 “낮은 데로, 더 낮은 데로 흘러”가듯이 일체가 자연의 순리대로 흘러가는 것임을 시인은 통찰하고 있다.

이 흐름의 섭리에 시인이 방점을 찍고 있는 것은 마치 '어떤 것에도 집착하지 말고 마음을 일으키라應無所住 而生其心'(『금강경』)는 무소주無所住의 정신을 상기시켜 주는 것 같다. '조각배', '허공', '구름', 이들은 모두 흘러가는 존재의 무화적無化的 본성을 그대로 반영한다. 제행무상諸行無常의 이 무상감은 그래서 '비움'의 의미와 긴밀히 연계된다.

시인은 「집」에서 '까치', '제비', '누에'라는 대상을 통해 집과 소유의 허망함을 진지하게 성찰한다. 물욕에 사로잡혀 "집 마련하려 이전투구泥田鬪狗"하는 사람들과 미물들을 서로 대비하면서, "빈손으로 왔다가 빈손으로 떠나가는 / 사람들이 저 미물들보다도 어리석지 않을까요"라며 무소유의 정신을 일깨운다. 이런 본래무일물本來無一物의 정신은 물욕의 어둠에서 벗어나 무구無垢의 빛을 갈망하는 마음에서 우러나온다. '길·흐름·비움'은 하나의 고리로 연결되어 시인의 시세계를 더욱 의미심장하게 떠받쳐 주고 있다.

그의 시편들을 일별해 보면 세상과 타자로부터 유발된 상처와 고통의 시학이 시집 도처에서 묻어나온다. '나'의 양심과 현실의 불합리가 서로 부딪쳐 일그러질 때마다 시인은 괴로워하면서 그 통증에서 벗어나기 위해 존재의 비약을 꿈꾸고 있다. 인간 소외와 단절감이 만연해 있는 현대 사회에서 역병의 창궐은 인간관계를 더욱 차단하고 불신감마저 팽배하게 하는 분위기를 조장하고 있다. 이 시집에는 코로나 19와 관련된 시들이 여러 편 보인다.

"집 나서면 코 막고 / 입을 막고 전전긍긍할 따름"(다시 코로나에게」)이라고 을씨년스러운 현실에 괴로움을 느끼고, 이 보이지 않는 바이러스에 세인世人들의 인심이 겹쳐져 중층 묘사되고 있다는 점이 특히 주목된다.

"소리도 냄새도 없는 / 당신은 언제 마음 돌리려 하나요"(같은 시)와 같은 의인화된 표현에서 표면적으로는 바이러스의 공포를 말하고 있지만, 이면적으로는 "실은 가까웠던 사람이 / 등져서 더 무섭습니다"(같은 시)에서처럼 염량세태炎涼世態의 불신감을 더욱 부각시키고 있다. 역병과 인간의 믿을 수 없는 가변성이 오버랩된 이런 정황은 "사람과 사람은 이제 / 서로 못 믿어 멀어지는 사이입니다"(「입 막고 코 막고-코로나 블루 1), "보이지 않는 공포에 시달리다 지쳐 / 분노의 무기로 바뀐 이들도 있습니다"(「코로나 레드」) 등에서도 드러나 있다.

이와 같은 세상인심은 「한겨울밤」에서처럼 "불빛에 술렁거리는 악몽 부스러기들"마냥 불면의 밤을 지새우게 한다. 하지만 이런 악몽 속에서도 시인은 마음의 평정심을 잃지 않으려 한다. 그는 자신에게 가해지는 이 상처와 고통 앞에서 "잉걸불로 타오르는 비애마저도 / 깊이 그러안고 싶"은 포용력과 정신적 성숙성을 내비친다. 이 같은 내적 승화의 의지는 "그래도 그 사람을 미워하는 / 마음이 가라앉지 않으니 괴롭다 / 하지만 하늘을 우러르며 바라본다"(「하늘」)에서도 포착된다. 상처에 대한 이러한 그러안음은 특히 '자연'을 통해 치유를 모색하는 행위에서 더욱 인상 깊게 드러나고 있다.

그윽한 풍경화처럼 묘사되고 있는 「소나무 그늘」에서 시인은 "깊은 산골짜기, 솔숲"에 들어 세상에서 짙게 드리운 "마음의 그늘들"을 씻어내며 위로를 받는다. 솔숲 길을 혼자 걷고 있는 동안 "멧새들이 다정하게 속삭이고 / 지나는 바람이 타이르는 듯"하면서 시인의 우울한 마음을 어루만져 준다. "소나무 그늘이 나를 품"어 주는 듯한 느낌도 받는다. 그 자연은 "나를 부드럽게 감싸 주던 / 바로 그 비단 자락"(「은사시나무와 안개」)과도 같이, 또는 "아픈 마음 달래고 추스르던 / 곧고 정한 갈매나무에 마음 포갠다"(「갈매나무」)는 생각처럼, 일상의 늪에서 상처받은 이들을 원형적 모성애로 따뜻이 품어 안아준다.

세인들과의 관계에서 빚어진 상처로 고뇌하던 시인은 고요히 내리는 '첫눈'을 통해 "포근하고 다정"한 마음의 평온을 되찾는다. 「첫눈」은 '첫눈', '멧새', '시인'의 영혼이 서로 어우러져 연출하는 이 평화로운 정경은 자연이 그려내는 한 폭의 명화名畵 같다.

한편, 세상과 타자로부터 받은 상처를 시인은 '꿈'을 통해 초극하려는 의지로 나타내 보이고 있다. 이 꿈을 매개로 삶의 희망과 위안, 존재 초월을 강하게 실현하려 한다. "더 나은 삶을 향한 꿈꾸기와 / 가위누르는 꿈이 밤낮으로 길항"(「나의 카르마」)하는 상황 속에서 "더 나은 세계를 열망하"며, 밤과 낮, 어둠과 빛이 변증법적으로 승화된 세계로 나아가 자기 고유의 정체성을 되찾고자 한다. 그러므로 이태수 시인에게 있어서 꿈이란 자아의 본래성을 회복하려는 존재론적 탐색 활동이다. 이 같은 꿈꾸기는 어두운 세상에서 훼손된 자아를 빛의 바늘로 봉합하고 존재의 상승을 갈망하는 날갯짓으로 새롭게 읽힌다.

이처럼 시인에게 있어서 꿈꾸기는 존재의 비약과 상승 의지의 표현이며, 삶의 새로운 길트기를 위한 몸짓이다. 우울한 시공時空에 던져진 채 그는 실존의 상처를 치유하고 기투하며 살아가기 위해 스스로 '새'나 '나비'와 같은 우화羽化의 통과의례를 통해 존재론적 초월을 실현하려 한다. 이렇듯이 시인의 내적 상처는 '자연' 또는 '꿈'과 어우러져 하나의 의미망을 이루면서 치유를 지향한다.

시인은 고향과 혈육에 대한 '그리움'의 정조를 여러 편의 시에서 그려 보인다. "때 묻고 이지러진 마음 다잡아 / 정결하게 닦고 싶"기 때문이며, 세상인심이 아무리 변화무쌍하더라도 "한결같은 초심으로 / 등 굽은 소나무처럼 살고 싶"기 때문일 것이다. 고향이야말로 시인에게는 가장 순수한 존재의 원적지이자 자아의 본래성을 회복할 수 있는 곳, 끊임없이 시적 영감을 불러일으키는 영천靈泉으로 자리매김하고 있을는지 알 수 없다.

시인의 이러한 지상적 그리움은 궁극적으로 종교적 신앙인으로서의 '영적 그리움'으로 귀결된다. 오랜 세월 가톨릭 신앙인으로 살아온 시인은 후반부에 신앙시들을 다수 배치함으로써 시인은 자신의 삶의 목표가 어디에 있는가를 선명하게 보여 준다. 이성적 가치에서 영성적 가치로 승화되지 않으면 무의미하다는 깨달음으로 읽힌다.

십자가의 거룩한 희생제의로 속량贖良의 은혜를 입은 인간 존재는 그 십자가 앞에서 자신의 몸과 마음을 낮출 때 구원의 역사가 시작된다는 것을 안다. 이 낮춤은 높임을 내포하는 역설적 가치를 지니고 있기 때문이다. 그래서 시인 역시 "낮게 낮게 내려가면서 꿈꾼다 / 낮아서 높아질 때까지 꿈꾼다"(「크고 부드러운 손」)면서 십자가의 희생과 그 참된 의미를 깨닫고자 한다. 그러므로 낮춤은 오히려 굴기하심屈起下心의 상태를 초월해 존재의 상승과 영혼 구원이라는 천상적 가치로까지 나아가게 한다.

오랜 세월 시의 바다를 항해하며 언어의 그물을 던져온 이태수 시인은 이 열여덟 번째 시집에서 거센 세파와 부딪치며 담박하고 정갈한 시편들을 건져 올린다. 그의 투망에 낚인 시들은 흐름과 비움, 상처와 치유, 꿈과 구원 등이 상응하는 진면목을 드러내며, 그 도정道程의 아픈 상흔 속에서도 영혼의 빛에 달궈진 돋을새김처럼 따뜻하게 떠오른다. 황량한 세계에 던져진 실존의 처지와 그 고뇌를 형상화하는 그의 시들은 한결같이 꿈을 통한 존재 초월로 나아간다. 이런 형이상학적 지향성과 더불어 종교적 구원의 영역에까지 시가 잇닿아 있어 깊고 경건한 울림으로 다가오기도 한다. 이 낮지만 그윽한 울림들은 시인이 이성에서 영성으로, 지상적 삶에서 천상적 가치로 자아를 투영하면서 존재의 부름에 대한 영혼의 응답을 진실하게 빚어 보이려 하기 때문이다.

삶의 흔들림과 자아 찾기의 꿈— 이진엽(시인, 문학평론가)
—시집 『나를 찾아가다』

시력詩歷 반세기에 즈음해 올해 한 해에 두 권의 시집을 상재하는 필력도 그러하지만, 시인 주변에 산재해 있는 대상들을 의식의 자력으로 끌어들여 삶과 존재에 대한 근원적인 문제를 사유하고 통각統覺하면서 시의 깊은 맛을 돋우어내는 모습은 경이롭지 않을 수 없다.

그의 시를 지탱하는 세 주춧돌이 '실존·현실·초월'이라고 이미 밝힌 바 있지만, 이 시집은 이 세 원형질이 한결 내밀하게 작용해 삶과 존재 문제를 깊고 원숙하게 반추한다. 특히 '길'을 모티프로 한 고적孤寂한 방랑자 의식과 자기동일성 회복에의 간절한 염원, 삶과 죽음에 대한 진지한 성찰과 존재의 비상 꿈꾸기 등 더욱 웅숭깊은 시세계를 구축한다. 이 때문에 이 시집의 시편들은 시라는 매개물을 통해 표현된 이태수 시인의 실존적 비망록이자 생철학이라 할 수 있다.

길은 다양한 상징성을 내포하고 있으며, 시에서는 강한 정서를 불러일으키는 심상이 되기도 한다. 이태수 시인의 많은 시편에는 이 같은 '길'이 빈번하게 등장하면서 삶에 대한 허무와 외로움, 낯선 시간 의식이 그윽한 서정적 울림들과 다채로운 빛깔로 편재한다.

시인은 '길'에 의식을 투사하면서 삶과 존재 문제를 깊숙이 들여다본다. 시인이 돌아보는 지난날의 발자취는 "멀리도 온 것" 같지만 "언제나 제자리걸음 같다"(「덧없이」)고 느낄 정도로 무상감을 대동한다. 시인은 "길이 거꾸로 다가오다 거두어지"(「고독과 더불어」)는 존재의 부조리한 처지에도 직면한다. 기실 그가 걸어온 인생길은 신의 축복이 쏟아지는 노정이 아니라 "구부러지고 이지러진 길"(「덧없이」)이라는 대목에서 읽게 되듯 고난과 역경의 여정이다. 하지만 시인은 길 위에 그냥 피투被投된 존재로서만 살아갈 수 없다는 깨달음과 그 의지를 완강하게 끌어안는다. 깨어 있는 현존재로서의 가능성을 끊임없이 모색하고 추구한다.

"깨어 있어 간신히 올 수 있었듯이 / 언제나 마지막 날이듯 걸어야겠다"(「마지막 날이듯」)는 대목이 시사하듯이, 언제나 깨어 있으려는 강인한 의지를 내비치기도 한다.

시인이 놓인 세계는 언제나 만남과 이별이 교차하는 '구부러진 길'이다. 이 길을 지향적 대상으로 사유하면서 고단한 현실을 초월하기 위한 꿈을 꾼다. 그 꿈은 "꿈결에 처음 만난 천사 / 아득한 하늘나라로 돌아갔겠지만 / 그 찰나가 왜 이리 마음 아리게 하는지"(「홀로 가듯 말 듯」)에서 보듯 존재의 이상태理想態를 갈망하는 무의식적 시그널에 다름 아니다. 시인은 "꿈을 꾸다가 깨어나면 / 꿈과 길항하는 날"이 오고 그때마다 그 꿈에서 깨어나지 않으려고 버티고 대항한다. 시인에게 꿈은 이토록 간절하게 즉자적 존재로서의 인과율이 아니라 대자적 존재로서의 자유와 해방감으로 자리매김하고 있는 것으로 읽힌다.

서정시에서의 '부름'은 어둠 속에 은폐된 존재자를 호명해 그것의 본질을 탐색하는 현상학적 가치를 지닌다. 시인은 대상에 대한 호명을 통해 자신이 놓인 조건이나 처지에서 새로운 변화를 갈망한다. 부름을 통해 자신의 실존적 문제를 다각적으로 천착하고 성찰한다. 그의 시에는 특히 상처받은 현실적 자아가 근원적 자아를 불러내어 그 아픔을 치유하려는 행위가 두드러져 있다.

「나를 부르다」에서 그의 소망을 읽게 되듯이 "아프고 삭막한 날들 불러 모아 / 마음이 가는 곳으로 풀어 놓"는다. 시인의 의식이 계곡에서 흘러가는 '물'과 '소나무', '구름'을 지향할 때 그 대상들은 시인의 내면에서 안정을 회복시켜 주는 존재들로 전환된다. 무의식 깊숙이 잠재된 근원적 자아를 불러낸다. 이 부름은 오직 "나 홀로가 제격"이라는 구절에서처럼 신 앞의 단독자로서 행하는 실존 의식에서 비롯되는 것으로 보인다. 본연의 자아에 대한 내적 부름을 통해 시인은 새로운 삶의 조건을 경험하기에 이른다. 동시에 내적 응시와 부름은 자기동일성 회복을 위한 간절한 몸짓으로 거듭되고 있다. 「좌정坐定」에서 그리듯 시인은 세상을 향한 문을 잠그고 '안으로 향한 문'을 열고자 한다. 그 빗장의 바깥에는 삶의 중심이 흔들리는 무명無明의 자아가 자리잡고 있지만, 내면으로 향하는 문은 존재의 새로운 열림을 기대하게 해준다.

이태수 시인은 자아의 참된 본질을 찾기 위한 모색과 탐구를 거듭한다. "입을 닫은 채 귀를 열고 눈을 뜨면서 / 마음을 붙잡고 고요를 들으려"고 혼신의 힘을 쏟기도 한다. 내면 깊은 곳에서 울려오는 근원적 자아의 부름, 혹은 영혼의 소리를 그는 절대 고독과 고요 속에서 "귀를 열고" 들으려고도 한다. '나'의 자기 균열 또는 '나'의 고통스런 이화異化 상태를 초극해 "하염없이 가라앉아 나와 마주 앉아서 // 밖과 안의 나와 내가 하나 되려"는 꿈에 불을 지핀다.

시인은 비록 "그가 등 뒤에서 다시 나를 부르지만 / 뒤돌아보면 그가 안 보인다"(「그가 나를 부르지만」)에서처럼 근원적 자아를 만나기란 지극히 힘이 들지만 그 꿈을 포기하지는 않는다. 현실적 자아와 근원적 자아와의 행복한 합일, 이는 곧 자기동일성 회복을 위한 시인의 간절한 소망이기 때문일 것이다.

한편, 자아의 내면 응시와 하강적 구조를 통한 존재 성찰은 자아의 원심력과 상승적 구조를 통해 나타나기도 한다. 「점 또는 티끌」에서 시인은 "눈을 감고 내가 내 속으로" 들어간다. 그 내면

깊이 "광대무변의 우주도 더불어 들어"오는 걸 느낀다. 저 광막한 우주를 자아의 원심력으로 끌어들여 본연의 '나'와 일치시키려는 시인의 내공은 놀랍다. 이 일체감을 통해 시인은 "찰나는 영원과 한 몸"이라는 시간에 대한 통찰로 나아간다.

순간과 영원, '나'와 우주가 서로 일체를 이룬다는 이 사유를 통해 시인은 '나'라는 "작은 점"과 "영원"이 서로 회통하면서 불이不二의 몸을 이룬다는 것을 통각하기에 이른다. 이는 곧 브라만과 아트만이 하나가 된다는 범아일여梵我一如 사상을 상기시킨다. 현실적 자아와 근원적 자아, "나를 품어 안는" 우주가 서로 융합해 한 몸을 이루는 장면을 통해 자신의 존재론적 심폐 공간을 깊고 넓게 확장하거나 펼쳐낸다. 상처와 아픔, 낯섦과 외로움으로 가득 찬 현실 세계에서도 부단한 의식의 지향성과 내적 성찰을 통해 자기동일성을 회복하려는 염원은 이태수 시인이 보여 주는 자신만의 심원한 생철학이라 할 수 있다.

이태수 시인의 시에서는 이 자연이 중요한 시적 에너지의 원천으로 자리매김하고 있다. 다양한 자연 심상을 매개로 한 그의 시는 새로운 생명력을 회복하려는 시도들이다. 의식이 "구름, 솔, 멧새, 계곡물, 산길" 등으로 지향되자 이 자연물들은 어둠 속에서 잠 깨어 시인에게 새로운 의미의 지향적 상관물로 자리매김한다. 시인에게는 "하산하듯 내려오는 솔바람 소리, / 지그재그로 나는 멧새들 소리, / 돌부리를 스치는 계곡물 소리"(「산중에 깃들다」)

가 단순한 자연의 울림들이 아니다. 그것들은 세인들로부터 상처받은 시인의 마음을 위무해 주고 신산한 현실을 초월하게 해 주는 청량한 원형질로 환원된다.

이렇게 볼 때 이태수 시인의 시에 나타나는 자연물들은 하이데거의 말처럼 각각 하나의 명사名辭가 아니라 '정황을 내포한 사건'으로 인식된다. 왜냐하면 그 자연물들은 인간의 본성과 생명이 위협받는 이 시대에 끊임없이 존재의 생기生起 / Ereignis를 담보해 주기 때문이다. 그의 시에 나타난 개별적 자연물들은 고착화된 하나의 개념으로서가 아니라 '존재의 열림'을 가능케 하는 사건처럼 작용하는 것으로 읽힌다.

이 같은 자연의 생명력은 그의 시에서 융화와 내밀한 상응으로 변주되기도 한다. 「버드내에서」에서는 '버드나무', '내(냇물)', '하늘'과 시인의 의식이 지향 관계를 이루면서 자연과 융화되는 모습이 인상 깊게 그려져 있다. '나'라는 시적 화자를 중심으로 이 세 자연물들은 서정적 삼각 구조를 이루면서 서로 하나로 융합된다. 이 삼각의 유기적 틀 속에서 시인은 자연과의 일체감에 다가선다. 특히 "내를 내려다보듯이", "하늘을 우러른다"에서와 같이 하강과 상승 작용을 통해 시인은 자연과 인간이 서로를 "품어주"는 혼융일체의 정서에 사로잡힌다.

자연과의 이 융화는 「법당 연못」에서는 자기 응시와 내밀한 상응으로 나타난다. 시인은 한 법당의 연못가에서 다양한 자연물들에 의식의 빛을 투사하면서 존재 성찰을 드러내 보인다. 그의 의식 속에 "불탑, 구름, 배롱나무, 잉어……"가 투영될 때 그것들은 '나'와 친화 관계를 이루면서 내면화되고 있다. 배롱나무가 "몸을 흔들"거나 "잉어들이 줄을 지어 탑돌이"를 하는데도 산중의 절집은 동중정動中靜의 고요가 감싸고 있다. 이처럼 이태수 시인은 자연을 매개로 해 상처의 치유와 삶의 위안, 물심일여의 정서와 자기동일성을 반추하면서 싱그러운 풀빛에 물든 생의 불망기不忘記를 기록하고 있다.

그의 시에 나타난 죽음 의식은 「현대판 곡비哭婢」처럼 직접적인 장면을 통해 사실적 관점으로 제시되기도 하지만, 「자목련 지다」와 같이 '꽃의 조락'과 결부된 비유적 형상화로 나타나기도 한다. 특히 죽음에 대한 그의 애도 반응이 비탄으로만 귀결되지 않고 소멸과 생성, 삶과 존재의 근원을 성찰하는 데까지 나아가고 있다는 점이 주목된다.

봄이 오는 길목에서 시인의 의식은 '햇살'과 '봄꽃'에 가 닿아 머문다. 시인이 응시하는 이 두 대상은 서로 "아름답다고 따스한 찬사"를 보내거나 "그대가 나를 있게 해 주고 있다고" 화답한다. 겨우내 죽음의 손아귀에 갇혀 있던 이 자연물들은 "함께 새봄을 기다렸다고 / 인동의 길을 새기며 서로 다독"여 준다. 시인은 서로 포근히 나누는 찬사와 화답이 존재의 생기를 북돋아 주며 "인동의 길" 뒤에 자연의 아름다운 축복이 있음을 간파하고 있다.

특히 정적인 식물 심상만이 아니라 "멀리 바라보며 비상하는 새들을 따라 / 닫혀 있었던 마음을 풀어놓는다"(「옥빛 속으로」)에서 보듯 동적인 심상을 통해서도 존재의 비상과 새로운 생성을 꿈꾼다. 그러므로 소멸과 생성은 서로 대척점에 있는 것처럼 보이나 변증법적으로 융합되고 지양돼 부활의 세계로 나아가고 있다.

어느 봄날, 시인은 "벚꽃들이 우수수 지고 있"는 곳에서 '꽃비'를 맞는다. 그런데 그 꽃비를 맞는 시인의 인식이 '지난해'와 달라져 있다. 이에 대해 시인은 지난해와 동일한 꽃비인데도 "슬프기보다 그 반대 느낌이 드는지 // 지는 벚꽃들이 왜 더 아름다워 보이는지" 생각해 본다. 그 이유는 어렵지 않게 짐작된다. 바로 "오늘이 부활절이기 때문"이다.

하지만 이런 부활의 의미를 이태수 시인은 결코 종교적 도그마로만 시화詩化하지 않는다. 그는 오히려 "벚나무 바로 옆 산딸나무에도 / 연초록빛 잎들이 돋아날 듯 생기가 돈다"에서 느껴지듯 부활의 의미를 싱그러운 자연 심상으로 스케치해 묘사한다. 시인은 "그저께 세상을 두고 간 그 사람"이 '꽃비'가 내리는 것에 비유함으로써 서정시 본래의 미학적 전략으로 아름답게 형상화한다.

시인은 서정시의 본성을 충실하게 발효시키면서 존재 성찰이라는 자신의 시세계에 버무려 천연의 색채로 펼쳐 놓는다. 결국 생성과 소멸은 부활의 지고至高한 지평에서 모두 유기체처럼 일체화되어 찬연한 '꽃'으로 피어난다. 그래서 죽은 자의 부활은 하나의 관념이 아니라 시인의 현재적 삶 속에서 생생하게 체험되고 있다.

삶과 존재 문제에 대해 깊고 그윽한 사유와 관조적 인식으로 성찰해 보이는 이태수 시인의 이 열아홉 번째 시집은 서정시의 정념을 뛰어넘어 생철학의 영역으로까지 나아간다. 흔들리는 실존과 생의 불꽃이 명멸하는 이 지점에서 시인은 삶의 다양한 울림에 귀 기울이며 본연의 존재 가능성을 부단히 추구하고 열어나간다. 세계와 길 위에 노정된 고단한 시간과도 부딪치면서 지속적으로 근원적인 자아를 찾아 나서는 꿈에 불을 지피고 있기 때문이다. 이 여정에서는 또한 자연을 매개로 삶의 활력을 되찾으려 하며, 삶과 죽음이라는 양극兩極을 끌어안고 부활의 눈부신 지평에서 변증법적으로 융합하려는 시도를 감동적으로 펼쳐 보인다.

갇힘과 열림, 경계와 초월의 미학 — 조창환(시인)

—시집 『유리창 안팎』

반세기를 거쳐온 이태수 시인의 문학적 편력에는 다채로우면서도 일관된 특성이 있다. 그의 시에는 내면적 갈등을 순화하고 정화하는 자기반성과 성찰의 육성이 담겨 있다. 그의 시에 나타나는 주된 특징은 자아의 참모습을 발견하기 위한 부단하고 치열한 노력의 흔적이며, 대상과 세계를 향한 성실하고 진지한 자세의 표출이다. 이태수 시인의 시에 보이는 의식의 갈등과 혼란은, 대부분의 경우, 파탄에까지 이르지는 않는다. 그의 시에서는 흔들리고 거칠고 혼란스러운 삶의 모습이 안정되고 유려하며 정돈된 모습을 보여준다.

이러한 변증법적 통합의 원리는 이 시인의 온유한 성품과 진지한 탐구 정신에 기인한 것으로 보인다. 이태수 시인은 특정의 이념을 목청 높여 부르짖거나 과장된 투사적 육성으로 자기를 과시하지 않는다. 그의 시선은 자신의 내면을 향해 진지하게 탐구하고 탐색하는 자세를 취하고 있다. 그의 시는 온건하면서 교양이 있고, 중도적이면서 깊이가 있고, 평이하면서 깨우침이 있는 언어를 구사한다. 이 점이 이태수 시인의 시적 가치를 높여주는 열쇠가 되며, 이태수 시인의 개성적 특성을 보여주는 통로가 된다.

이 시집에는 「유리벽 안팎」이라는 제목의 시가 두 편 들어 있다. 시의 제목에서 시인은 굳이 '유리창'이 아니라 '유리벽'이라는 단어를 사용하고 있다. 그것은 '창'과 '벽'을 구분하여 인식하는 시인의 심리상태와 연관이 있고, '창'이 '벽'이 되는 현실에 대한 반성적 관찰이 바탕에 깔려 있다. 일견 평범하고 무미건조해 보이는 이 시에서 우리는 인생의 내밀한 부분을 들여다본 시인의 원숙하고 자유로운 시선을 엿볼 수 있다.

「한겨울 달빛」에서도 유리창은 안과 밖을 연결하기도 하고 가로막기도 하는 경계선이 되어 있다. 유리창 너머에는 낙엽이 있고, 어둠이 있고, 달빛이 있다. 시인은 뒹구는 낙엽과 "어둠을 헤집으며 뛰어내리는 달빛"에 귀 기울이면 거기 "따스한 말들이 들려온다"는 것을 안다. 시의 뒷부분에서 "그것은 포근한 기억"이며, "달빛의 은밀한 말들"이라고 말함으로써 이 시의 정서적 무게추가 긴장과 갈등보다 관조와 평온 쪽에 기울어져 있음을 깨닫게 한다. 그러한 추억과 기억의 색깔이 포근하고 부드럽다는 것은 이 시인의 생애가 온건하고 유연하였다는 것을 방증하는 예가 되기도 하고, 이 시인이 지향하는 이상적 세계의 모습이 화해와 평화와 조화의 경지라는 것을 가리키는 지침이 되기도 한다.

이태수의 시에는 행동 대신에 사색이 있고, 속박 대신에 자유가 있다. 그의 시에는 긴장보다는 여유가 있고, 노동보다는 휴식이 있다. 이태수는 사건이나 상황의 한복판으로 들어가 투쟁하는 주인공이 되기를 원치 않는다. 이태수의 시는, 대부분, 쉬면서 쓴 것들이고, 바라보면서 쓴 것들이고, 회고하면서 쓴 것들이고, 자신의 내면을 성찰하면서 쓴 것들이다. 이 시집에 실려 있는 시들이 대상에 대한 긴장보다는 세계와의 화해에 무게를 두고 있는 것은 그러한 특성 때문이라 할 수 있다.

그의 시에 나타난 쉼은 사물에 대해 깊이 관찰하는 자세를 일컫는 말이며, 사색하는 모습의 외형을 일컫는 말이며, 존재의 본질이 무명임을 깨달은 자의 겉모습이다. 그는 그 갈등과 투쟁의 모습보다는 휴식과 관조의 모습을 더 부각시키고 싶어 한다. 그의 대부분의 시가 관찰과 묘사로 이루어져 있다. 바라보는 시선 자체가 아름답다는 의미에서 우리는 이를 '바라봄의 미학'이라 말해도 좋을 것이다. 바라봄의 미학이야말로 이태수의 시가 지닌 개성이며 장점이라 할 수 있다.

높은 곳에서 내려다보면 다투고 싸우며 살아가는 우리의 생존의 모습이 소꿉놀이 같다는 생각이 든다거나(「나뭇잎 하나」), 차창 너머 끊이지 않고 밀려오는 는개를 보면서 희미한 기억을 떠올려 해묵은 그리움을 회상하는 모습(「는개」)은 반성적이며 회고적이다. 특히 수평선 위의 지는 해를 바라보면서 위대한 어느 분의 생애를 떠올리는 시 (「낙조落照」)는 영성적 사색의 흔적을 담고 있다.

이러한 바라봄의 미학을 가능하게 하는 힘은 이 시인이 겪는 내면적 고독감에서 오는 것 같다. 사람들 속에 섞여 있으면서도 고독을 느끼고, 타인과 더불어 지내면서도 그 속에서 헤매는 자아의 모습만 보이는 상태는 이 시인이 철저한 고독 속에 침잠되어 있음을 알게 해 준다. 시인은 "따로 있어도 더불어 있어도 / 사람 그립기는 마찬가지"라는 깨달음을 얻는다. 이태수 시가 자기 반성적이고 내면 성찰적인 경향을 띠는 것은 이러한 절대적 고독감에 바탕을 둔 것이라 여겨진다.

자신의 내면을 절해고도라고 인식하는 주체는 그 절대적 고독감에서 벗어나고 싶어 하지만 그것이 현실적으로 불가능한 소망임을 깨닫는다. 이때 현상적 갇힘의 세계로부터 이상적 열림의 세계로 탈출하고자 하는 욕망은 그의 시선을 외부가 아닌 내부로 돌리게 만드는 동인이 된다.

이러한 심리상태는 불결하고 부조리한 "이 풍진세상이 싫어져" 아무도 없는 데 가서 홀로 지내고 싶은 마음(「절해고도絶海孤島 1」)과 "사람들 속에서 사람이 하도 그리워 / 사람을 찾아가는" 마음(「절해고도 2」)의 이중적 심리상태로 드러난다. 이 모순되고 중첩된 심리상태는 외적 현실의 내적 극복이라는 방향으로 해결점을 찾아 나아간다. 온건하고 평화로워 보이는 이태수 시가 이처럼 치열한 내면적 혼돈의 과정을 거친 결과물이라는 점에 주목할 필요가 있다.

이태수 시에 나타나는 추억의 언어는 생명 존재의 실존적 가치에 대한 반추를 담고 있다. 시 「헛제삿밥」은 유년의 추억을 회상하는 시이다. 종갓집 형수에 대한 추억과 헛제삿밥에 대한 추억이 겹쳐진 유년의 기억은 따뜻하고 정겹다. 「옛 미덕美德」에는 감나무에 까치밥을 남겨놓던 옛 미덕을 생각하면서 각박해지고 삭막해진 오늘의 현실을 개탄하는 모습이 그려져 있다. 이러한 반성적 사고 속에서 시인은 자아를 돌이켜본다.

시 「녹명鹿鳴」에서는 이기적 욕망으로 가득 찬 사람들 속에서 사슴 울음처럼 귀하고 품격 있는 노래를 듣고 감명받는다. 시인은 함께 살아가자는 그 사람의 목소리에 깊이 공감한다. 그 사람의 노래는 시인 자신을 돌아보게 하는 계기가 되고 부끄러움과 죄송함의 심정을 일깨우는 자극제가 된다.

이태수 시에 나타나는 내적 성찰과 자아 탐구의 언어는 모두 절대적 고독감에서 발원한 것이라는 점이 주목할 만하다. 시인이 유년 회상이나 어린 날의 추억에 사로잡혀 있는 경우에도 그 배경에는 고독감과 외로움의 심정이 개재되어 있다. 이 점이 이태수 시의 심리적 원형이라 할 만하다. 그는 온유하고 평온한 심성을 표현하고 있는 듯이 보이지만, 그러한 심경에 도달하기 전의 심리상태는 고통스러운 시련과 고뇌의 시간을 거쳤음을 기억할 필요가 있다.

시인은 시 「한밤중 바람」에서 "달도 없고 별도 잠들어 캄캄한 한밤중에" 불 꺼진 창을 두들기는 바람 소리를 들으며 괴로운 불면의 밤을 지새운다. 한밤중에 부는 바람이 "내 불면의 속사정을 알아차리고 / 지나치려다 말고 그 어둠을 / 깨트려 주기라도 하려는 것일까"라고 읊으면서 자신에게 닥친 불면의 밤에 대해 괴로워한다.

시 「섣달 아침」에서는 "이즈음은 왜 / 세상이 캄캄하게만 보이는지 / 마음의 안경을 갈아낄 수는 없을지"라고 하며 거꾸로 돌아가는 것만 같은 세상을 근심하는 자아의 모습을 묘사한다. 그런 밤에 꾸는 꿈은 악몽이어서 잠 깨는 시간이 다행으로 여겨진다. 잠 깨어도 천장에는 꿈속 장면들이 어른거리고 창밖에는 북풍한설이 몰아치는 소리가 들린다.

시 「악몽과 커피」를 보면 악몽에서 깨어났다고 모든 일이 해결되지는 않는다는 것을 보여준다. 잠 깨어 창밖을 보니 환한 꽃들 피어 있고, 맑고 밝은 새소리 들리는데 마음속으로는 복면 쓴 사람이 등 뒤에서 칼날을 겨누고 있는 것처럼 불길하고 불안한 느낌을 지울 수 없다. 이 불길하고 불안한 심정은 외부 세계와 차단된 시인의 고독한 내적 긴장감에서 오는 것처럼 보여진다. 이 글의 첫머리에서 살펴본 유리창과 유리벽의 소통과 단절의 이중성에 관한 심리상태도 이러한 맥락에서 이해될 수 있다.

갇힌 공간에서 벗어나려는 탈출에의 욕망은 시인의 내적 상상으로 해결점을 찾는다. 잠과 꿈에서 받은 고통과 아픔을 잠과 꿈으로 해결하는 방식이다. 「그루잠의 꿈」에서의 비상하는 새는 탈출과 자유의 등가적 상관물이다. 자유롭게 비상하는 갈매기가 되어 수평선 끝으로 날아가는 새의 모습은 시인이 꿈꾸던 내면의 모습이다. 막힘도 없고 거리낌도 없는 자아의 모습은 현실에서 실현하기 어려운 이상 세계 속에 존재한다. 이 시에서 보여지는 탈출에의 욕망은 갇힌 세계에서 열린 세계로, 억압에서 자유로, 갈등에서 평화로 전환하는 동력이 된다. 그 탈출에의 욕망과 자유에의 의지가 지향하는 길은 이태수 시의 궁극적 가치관에 연결된다.

이 시집에서 가장 울림이 깊고 가장 감명 깊은 시 한 편을 고르

라면 나는 「꽃 한 송이」를 고를 것이다. 이 시의 철학적 차원은 찰나와 영원을 아우르는 시간성을 지녔다. 이 시에서는 비움과 갖춤을 함께 지닌 영성적 정신의 깊이가 느껴지고 아름다움을 관조하는 미학적 관찰의 섬세함이 느껴진다. 시인이 바라보는 꽃 한 송이는 생명의 절정이면서 그 절정의 찰나를 영원으로 승화시키는 절대적 아름다움의 환희가 있다. 그 꽃의 진정한 아름다움은 탐욕과 이기심과 물신주의에 물든 어지러운 속세의 감정으로는 제대로 감상하고 음미할 수가 없다.

꽃을 바라보기 전에 마음을 먼저 비워야 한다. "마음 비운 자리에 꽃 한 송이 핀다"라는 이 시의 첫 구절은 이러한 마음의 경지를 전제한 것이다. "비워서 차오르는" 꽃, "이 찰나가 영원이듯 / 영원이 바로 이 찰나이듯" 피어나는 절정의 꽃 한 송이에 대한 찬탄과 경외의 언어는 이 시에 종교적이며 영성적인 색채를 더한다. 찰나에 영원이 담겨 있고 영원이 찰나에 스며있는 상태, 비움으로 꽃 피워진 그득한 충만의 상태. 생명의 절정이면서 아름다움의 절정인 상태가 이 시 「꽃 한 송이」다.

"꽃 한 송이"에서 영원을 발견하고, 비움에서 충만을 발견하고, 절정에서 평화를 발견하는 시인의 모습 또한 꽃처럼 환하고 맑고 밝다. 이태수 시인의 시력 반세기에 걸친 꾸준하고 성실한 문학적 탐구가 이룩한 이러한 성취를 감상하는 것은 뜻깊고 보람 있는 일이 아닐 수 없다.

쓸쓸하고 외롭고 아름다운 여로— 이숭원(문학평론가)

—시집 『먼 여로』

이태수의 시는 먼 곳에 대한 명상으로 가득 차 있다. 그는 먼 곳을 향하여 길을 걷는 시인이고 목적지가 보이지 않아도 진행을 멈추지 않는 시인이다. 보이지 않는 먼 곳을 향해 가겠다는 시인의 육성은 그만큼 간절하다. 그 음성은 고상한 기품을 유지하며, 소박하고 그윽한 음률이 깊은 감동을 준다. 가고자 하는 원심적 운동은 순수의 자세를 유지하겠다는 구심적 의지와 긴밀하게 연결된다. 가고 싶은 욕망, 기다림의 정동, 환각의 창조는 시의 내면에서 순환 구조를 이룬다. 기다림이 환각을 창조하고 환각은 다시 기다림을 촉구한다. 그런 의미에서 꿈의 매트릭스가 이태수 시의 중심을 이룬다고 말해도 좋다. 환각의 창조는 이태수 시의 동력으로 작용한다.

시 「홍방울새를 기다리며」는 '먼 여로'로 표상되는 이태수 시의 정신적 흐름을 잘 보여준다. '홍방울새'는 예이츠의 유명한 시 「호수 섬 이니스프리(The Lake Isle of Innisfree)」에 등장하는 새다. 이태수 시인은 이 새를 비발디의 플루트 협주곡 3번 「홍방울새」와 연결하여 회상의 강도를 높였다. 시와 음악으로 조성된 회상의 정조는 그의 마음속에 자리잡은 어떤 이상의 경지를 소환한다. 그리움과 기다림이 환각을 창조한 것이다. 이 환각은 다시 기다림을 촉진한다.

이 시의 연속 편인 「꿈속의 홍방울새」에서도 홍방울새 떼의 지저귀는 장면을 묘사한 후 "눈을 뜨고 나니 꿈이었어요"라고 고백하면서 "예이츠와 비발디가 불러 준 환상이 / 이다지도 홍방울새를 기다리게 하는지요"라고 자신의 마음을 토로하고 있다.

그는 「짧은 꿈」에서 그가 몽상에 잠기는 순간을 시로 표현했다. 한낮에 의자에 앉아 잠깐 조는 사이에 새가 되어 하늘로 나는 꿈을 꾼 것이다. 새가 되어 날개를 펴고 세상을 한눈에 내려다보며 커다란 날개를 힘차게 퍼덕였다고 했다. 참으로 장엄한 장면이다. 이 장면을 통해 그가 가고 싶어 하는 이상적 공간의 모습을 조금 드러냈다. 세상이 거꾸로 돌기에 미지의 아름다움을 꿈꾸며 이상의 공간으로 가기를 희구한다. "마차가 말을 끌던" 비정상적인 시절은 지나갔지만, 아직도 마차가 삐걱거리는 온전치 못한 상태에 있음을 안타까워하며 세상의 바른 이치가 회복되기를 바란 것이다.

그가 그리움의 대상을 비교적 명확히 드러내는 경우는 고향과 혈육의 모습을 그리워할 때이다. 옛사람들의 모습을 떠올리며 그들에 대한 정겨운 친숙감과 그리움을 유감없이 드러낸다. 「시간여행」은 고향 마을로의 시간여행을 소재로 했다. 이것은 몽상이 아니라 실제의 사실이고 그래서 눈길과 마음으로 직접 접촉한 내용이다. 고향의 정경을 통해 과거의 시간이 현재의 상황으로 육박해 온 것이다.

「옛사람들」은 현실 공간에 바탕을 둔 그리움이 아니라 몽상의 영역에서 이루어진 그리움의 전개다. 희유한 조우를 통해 시인은 환각의 중요성을 새롭게 부각했다. 옛사람이 옛 모습을 그대로 지닌 것은 "옛날로 돌아가고 싶은 이 마음 때문"이라는 사실이 중요하다.

시인은 몽상 속에서 자신을 스쳐간 모든 인연을 떠올리며 그 만남의 의미를 반추하고자 한다. 좋은 인연이든 그렇지 못한 인연이든 그 사람들을 다 그리워하고 자기 정신의 울타리 안에 포용하려고 한다. 여기 그의 진심이 나타난다. 참으로 아름다운 회감懷感이다. 시인은 영원한 현재라는 서정의 시간 속에 과거의 추억을 불러들이고 그들과 하나가 되어 이대로 머물고 싶은 것이다. 과거와 미래의 시간을 통합하여 현재로 내재화하려는 욕망. 이것이 이태수 시인이 기획하는 꿈꾸기의 본질이다.

그의 시는 길의 모티프로 가득 차 있다. 보이는 길이 아니라 보이지 않는 길, 일종의 미로를 걷고 있다. 미지의 세계가 여전히 자신의 마음을 잡아끄니 걸음을 멈출 수 없다. 갈 수 없다는 안타까움이 그의 마음을 더 자극하고, 가고 싶어하는 간절한 마음에 미지의 세계는 더 아득하게 느껴진다. 시인은 여전히 미로를 걷고 또 걸을 뿐이다.

시인은 이러한 미로를 걷는 것이 일종의 업보業報라고 생각한다. 날이 저물면 걷던 길이 저만큼 물러나고 날이 밝으면 또 길이 펼쳐진다. 해가 진 다음의 시간은 명상과 자성의 시간이다. 자신의 실체를 찾아 사방을 헤매어도 본모습을 만나지 못하고 되돌아올 수밖에 없는 것이 운명이다. 미로의 앞길이 보이지 않을 때는 "없는 길을 만들며 가기도"(「길과 나 4」) 한다. 길을 찾으려는 그의 노력은 세상의 순리를 새롭게 확인하는 단계에 이른다.

눈이 내리면 그나마 보이던 길도 보이지 않게 된다. 「길과 나 5」는 그러한 백지상태의 새길 찾기를 주제로 내세웠다. 들판을 바라보며 이대로 머물고 싶다고도 했고 길들도 다 눌러 앉히면 좋겠다고 했다. 길 찾기와 길 위를 걷기는 그에게 주어진 숙명적 업보다. 그는 길을 걸어야 하는 필연의 존재자다. 시인은 길이 지워진 자리에 서 있는 소나무로 자신을 비유했다. 여기서 시인은 다음 장면을 보여주며 길 찾기의 의지를 조심스럽게 드러낸다.

햇빛이 비치면 눈이 녹고 서서히 세상은 제모습을 드러낸다. 그러니 눈으로 덮인 세상의 환한 모습은 실상이 아니라 순간의 가상이다. 환한 은빛 세상은 지속성이 약한 가상의 공간일 뿐이다. 어떻든 그는 길을 걸어 원하는 미지의 세계에 가야 그의 소명이 완성된다. 『장자』의 '소요유'에 나오는 무한 허공으로의 무한 도약, 무한 비상이 그의 지향이고 꿈이다.

「물의 길」은 나무를 통해 순리의 발견에 이르는 마음의 행로를 보여준다. 시인은 강가에 서서 내려갈 길을 떠올리다 계단 앞에 이르러선 오르는 길을 찾는다. 계단에 올라 강물을 내려다보니 아래로 흐르는 물의 길이 보인다. 하늘을 향해 팔 뻗고 서 있는 강둑의 나무들도 물의 길을 들여다보고 있다. 나무는 하늘을 우러러 살고 있지만 강물은 끝없이 내려가는 모습만 보여준다. 세상에는 끝없이 내려가는 길의 모습이 있다는 것을, 세상에는 그런 순리가 있다는 사실을 강물이 일깨워 준다. 그러니 하늘만 바라볼 것이 아니라 강물을 보고 끝없이 내려가는 길의 움직임도 배워야 한다. 나무는 하늘과 강을 종합한 중요한 가르침을 시인에게 전한다. "변함없이 제자리를 지키고 있으면서 / 하늘 우러러 물길을 따르는 게 도리"라는 가르침을 나무가 나직이 들려준다. 시인은 나무를 통해 새로운 길 찾기의 자세를 배운 것이다.

그는 「눈길」에서 자신의 마음을 다시 분명히 세워서 눈 위에 새 길을 찾아 걷겠다는 뜻을 밝혔다. 눈길을 걸으면 발자국들이 따라오다 지워진다. 뒤돌아보면 지나온 길이 지워지고 가려는 길도 지워져 보이지 않는다. 모든 길이 사라졌지만, 시인은 여전히 "새길을 걷고 싶게 하는" 충동을 일으킨다. 시인의 태도는 매우 담백하다. "눈이 그치고 나서 지워진 길을 나서면 / 발자국들이 새길을 내면서 따라옵니다"라고 했다. 그에게 지워진 길은 없다. 사라진 길 위로 새로 걸으면 새길이 저절로 생기기 때문이다. 끝없는 길 찾음과 길 걸음의 순환적 반복, 그것을 위한 환각의 창조. 이것이 그의 최근 시 쓰기의 동력이다.

눈길의 표상과 강물의 표상이 시인에게 지혜의 문을 열어주었듯이 시인은 암자의 풍경風磬과 나무 물고기 모형을 통해 지혜의 탐색을 벌인다. 암자의 고요함은 시인의 마음을 끌기에 적합하다. 고요의 깊이가 고향 같은 아늑함을 안겨주고 미지의 세계로 가는 길을 열어주기 때문이다. '꽁지 마을'이 고향의 정경을 떠오르게 해서 친근하게 다가오듯이 암자의 모습도 고향과 같은 친숙감을 일으킨다. 늦여름 오후, 더위가 한물간 솔숲 그늘에 멧새들 노랫소리가 들린다. 그 소리에 인근 암자 풍경 소리가 포개져 들린다. 시인은 그 소리에 귀를 기울인다. 멧새의 울음소리보다 풍경 소리를 통해 무언가 얻기를 원하기 때문이다. 시인은 귀를 열고 풍경 소리를 따라 암자 앞으로 느릿느릿 걸어간다. 암자에 이르러 풍경을 보고 풍경 끝에 매달린 물고기를 본다.

「풍경風磬 물고기」에는 바람이 불어 풍경이 흔들리면 그 아래 매달린 물고기도 헤엄치듯 움직인다. 여기서 시인의 상상이 펼쳐진다. 저 물고기를 보니 먼 망망대해에서 왔을 것 같다. 아니면 먼 망망대해로 가고자 하는지 모른다. 그런 점에서 물고기의 지향은 시인의 꿈과 겹친다. 시인이 풍경 끝 물고기에 관심을 가진 것은 물고기의 가고자 하는 소망을 상상했기 때문이다. 물고기를 자신의 분신으로 상상한 것이다. 시인의 상상 속에서 풍경 소리는 먼 옥빛 하늘 아래 넘실거리는 망망대해를 흔들어 깨우며 그곳으로 가고자 하는 물고기에게 길을 열어주고 있다. 길이 열리는 것은 시인도 간절히 바라는 바다. 암자 추녀 밑의 풍경 끝 물고기가 망망대해로 이끈다면 절집의 처마가 바다 한가운데와 통할 수 있다. 그렇다면 처마는 세상을 깨우는 요람이 될 것이다.

풍경 끝의 물고기는 하루 종일 눈을 뜨고 있다. 잠을 자면서도 눈을 뜨고 있는 물고기는 깨달은 존재의 표상 같다. 어떻게 하면 구도의 자세가 잠까지 이어져 자면서도 눈을 감지 않는가. 그러한 불변의 항구적 내력을 시인도 본받고 싶다. 풍경 소리를 통해 풍경 끝 물고기가 바다와 통한다면, 풍경 소리가 울릴 때마다 물고기가 헤엄치는 처마 아래 이곳이 바로 망망대해가 된다. 물고기는 망망대해를 유유히 유영하며 깨침의 길을 열고 있다. 그렇게 보면 물고기는 참으로 깊은 선지식이요 자비 보살의 거룩한 형상이다. 시인은 그 행로를 본받고 싶은 것이다.

「나무 물고기」 역시 유사한 주제를 드러냈다. 이 시는 풍경 끝의 물고기가 아니라 절집의 목어木魚를 대상으로 했다. 이 시의 요체 역시 허공 바다를 헤엄치는 나무 물고기에 있다. 허공을 헤엄치는 나무 물고기가 신비로운 것이 아니라 허공에서도 유영하며 자신의 길을 가고 있다는 사실이 부럽다. 목어는 저절로 움직이는 일이 없고 두들겨야 소리가 난다. 그래서 시인은 "허공처럼 텅 빈 뱃속을 / 나무막대로 두들겨 맞으며 나아갑니다"라고 썼다. 두들겨 맞으면서도 자신의 길을 간다는 사실이 부럽고 그것을 본받고 싶다.

세속의 중생을 깨우는 목어 역시 늘 눈을 뜨고 있다. 시인의 관심사는 늘 깨어 있다는 점, 세상의 무명을 깨우는 일을 멈추지 않는다는 점, 자기 몸을 때려서 내는 소리로 세상의 허공을 환히 밝힌다는 점이다. 시인도 이처럼 자신의 길을 계속 걸어 세상을 위해 무언가를 하고 싶은 것이다. 여기에 길 찾기와 길 걸음의 의미가 있다. 그 의미를 명확히 제시하지 않는 것은 시인의 겸허함 때문이기도 하고 길의 의미를 분명히 깨우치지 못했기 때문이기도 하다. 어떠한 경우든 시인도 목어처럼 자신을 울려 세상을 밝히는 일을 하고 싶다. 풍경 물고기도 그렇고 나무 물고기도 그렇고 이 두 사물의 의미는 시인의 길 찾기와 밀접히 연결되어 있다.

이러한 염원의 지향은 돌탑을 소재로 한 「어떤 나툼」으로 전환 표현된다. 시인은 돌탑의 돌에 자신의 염원, 보이지 않던 길, 목마르게 찾아 헤매던 그 무엇이 나타난다고 조심스럽게 암시한다. 이 조심스러움은 시인의 겸허함에서 온다. 그래서 자신을 한껏 낮추어 "꿈결이듯 헛보이듯이 나투어지고 있다"라고 했다. 그는 하심下心의 수련을 거친 시인이다.

마음의 변화를 포착한다는 점에서 「포쇄曝曬」는 깊이 음미해야 할 작품이다. 장마가 끝나면 서고에 있던 책을 밖으로 옮겨 습기를 없애는 작업을 한다. 시인은 책을 포쇄하듯이 "응달에 그대로 뒀던 마음을 햇살에 넌다"라고 했다. 이것은 참으로 유용한 일이다. 응달에 축축하게 젖었던 마음을 맑은 햇살에 말리면 마음의 올과 결이 얼마나 부드러워지겠는가? 따스한 햇볕, 눈부신 햇빛, 몇 자락 비단결 같은 바람이 다가와 마음의 살결을 쓰다듬는 장면은 상상만으로도 아름답다.

이렇게 마음을 햇살에 말릴 때 베란다 화분에 핀 빨간 샐비어도 바람에 말릴 수 있다. 그 장면을 두고 시인은 "햇빛과 햇볕과 햇살에 생기를 포개고 있다"라고 썼다. 햇빛, 햇볕, 햇살의 차이를 감지하고 그 차이에 따라 꽃송이가 씻기는 장면, 바람이 마음의 결을 쓰다듬는 장면을 상상한 것이다. 햇빛이 비치고 햇볕에 쏘이고 햇살이 비추는 각각의 장면에 따라 붉은 꽃봉오리의 색감이 변하고 마음의 질감도 변할 것이다. 이것은 시인이 마음의 탐구에 섬세하게 임한다는 사실을 알려준다. 이제 시인은 육체의 발걸음을 좇는 길 찾기가 아니라 마음의 행로를 따르는 내면의 길 찾기를 행할 태세를 갖춘 것이다. 그래서 그의 마음이 남천처럼 붉어지기도 하고 단풍처럼 변하기도 하면서 꿈속의 미로를 걷게 된다.

그 보행의 과정은 순탄하지 않다. 덧없는 면벽의 나날을 보내는 것 같은 막막함이 시인의 마음을 어둡게 한다. 하루 몇 번씩 마음을 고쳐먹어도 "마음 강산의 속절없는 이 허방"에서 오는 허전함은 가시지 않는다. "벽을 마주하던 나도 그만 벽이" 돼버린 듯한 폐쇄감을 느끼기도 한다. 속절없는 면벽의 세월에서 오는 허전함, 허망함, 막막함은 시인에게 고통을 준다. 흘러가는 세월을 붙들어 염장鹽藏하고 싶지만, 염장되는 것은 세월이 아니라 허당뿐이다. 순간을 붙들어 염장하고 싶지만 그렇게 마음먹는 사이 그 순간은 지나가 버린다. 다시 마음을 바로잡으면 다른 순간이 다가온다. 끝없이 사라지는 순간들, 마음의 끝없이 이어지는 형상들.

「비 내리는 날」에서 비는 빗소리를 안고 내리고 물은 빗소리를 업고 흐른다. 비와 물은 흐름을 멈추지 않는다. 마음도 비 따라 내려가고 물 따라 흘러간다. 안 내려가려 해도 내려가고 안 흐르려고 해도 흘러간다. 내려가고 흘러가는 비와 강물에 잡다한 세상사를 모두 맡기려는 자세도 취해 본다. 이제 시인은 어디로 가야 하는가? 그러나 어느 순간에도 구원은 있다. 묘하게도 구원은 가을의 충만한 달밤의 정경에서 온다. 「달빛 소나타」의 음률을 따라 시인의 걸음이 율동감 있게 옮겨진다.

「달빛 소나타」에서 시인은 늦가을 이른 저녁 달빛 따라 걷는다고 했다. 풀벌레 소리가 따라오고 발치에는 나뭇잎들이 우수수 떨어진다. 쓸쓸하지만 아름다운 가을의 정경이다. 별들이 내려와 떠 있는 호수를 지나 달빛이 밝혀 주는 길로 들어선다. 이러한 행로에 대해 시인은 스스로 "쓸쓸하면서도 왠지 따스해진다"라고 썼다. 쓸쓸하면서도 아름답고 쓸쓸하면서도 따스한 이 감도야말로 시인을 허방의 염장에서 구원해 주는 정겨운 손길이다. 산모롱이를 돌아 한참 가다 보니 "달빛이 내려가는 길을 더 환히 비춘다"고 했다. 이제 그는 막막한 면벽의 세월에서 벗어날 수 있을 것이다. 달빛 소나타의 아름다운 음률을 좇아 그가 원하는 먼 곳, 홍방울새 날갯소리 울리는 그 이상의 공간으로 갈 수 있을 것이다. 발길을 돌려 다시 걸으니 풀벌레 소리가 따라오고 가까워지는 마을에 달빛이 환하다고 했다. 서광이 비친다. 여기 구원의 길이 있다.

그가 한번 이 아름다운 길의 광채에 접했으니 설사 또다시 허방의 궁지에 부딪는다 해도 쓸쓸하면서도 따스한 촉감의 기억이 본능의 힘을 이끌어 달빛 소나타의 길로 다시 돌아오게 할 것이라고 믿는다. 77세를 한자漢字 모양을 응용하여 희수喜壽라고 하는데 희수에는 기쁠 희喜 자가 들어간다. 희수를 맞는 이태수 시인의 앞길에 달빛 소나타의 은은한 광채가 널리 퍼지기를 소망한다. 그 환한 빛은 그의 시의 앞길을 비추는 것만이 아니고 한국 시의 길을 비추는 것이기도 하다. 그가 펼쳐 온 시력詩歷 50년, 21권 시집의 온축은 한국 시의 역사이기도 하다. 50년 창작의 공력을 발판으로 그의 시가 또 다른 경작의 길로 힘차게 나아가기를 소망한다. 이 발원은 나의 소망이자 시인의 소망이고 한국 시단의 소망이기도 할 것이다.

이태수 시선집

잠깐 꾸는 꿈같이

초판 1쇄 발행 2024년 4월 20일

지은이 이태수
펴낸이 이은재
펴낸곳 도서출판 그루

출판등록 1983. 3. 26(제1-61호)
42452 대구광역시 남구 큰골 3길 30
TEL (053)253-7872 FAX (053)257-7884
E-mail / guroo@guroo.co.kr

값12,000원
ISBN 978-89-8069-499-0